Les chevaux

Walter T. Foster

VIGOT

ISBN : 978-2-7114-1752-0

23, rue de l'École-de-Médecine, 75006 Paris, France.
Dépôt légal : mai 2005
Achevé d'imprimer en août 2014 par 1010
Printing International Limited, en Chine.

Horses
Traduit de l'anglais par Simone Honnorat

Pour commencer

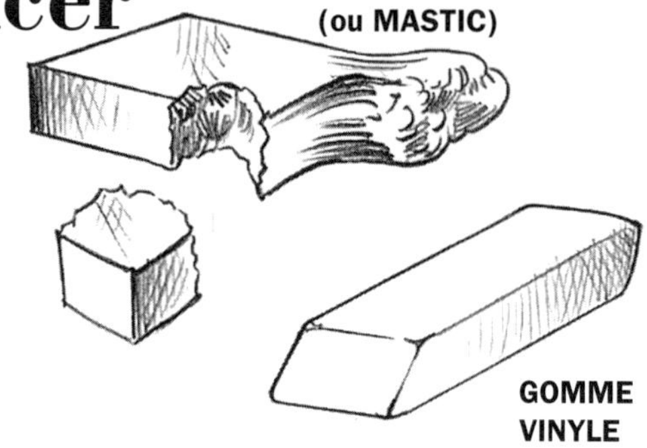

Dessiner, c'est comme écrire son nom. On utilise des traits pour faire des formes, à ceci près que, dans l'art du dessin, il faut juste aller un peu plus loin et utiliser des techniques d'ombrage afin de créer un effet de volume (tridimensionnel). Pour dessiner, on n'a besoin que de quelques instruments de base. Nous vous indiquons ci-après tous les outils qui vous seront nécessaires pour créer les dessins de cet ouvrage.

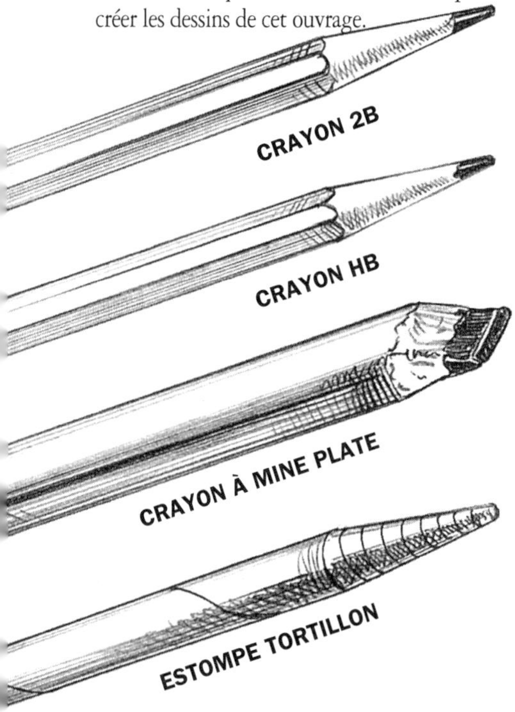

Les crayons

On trouve des crayons à mine de plomb de différentes gradations, allant de très tendres à dures (par exemple 6B, 4B, 2B et HB). Les mines de plomb les plus dures créent des traits plus légers ; on les utilise pour faire les croquis préliminaires, tandis que les plus tendres servent pour faire les ombres.
Les crayons à mine plate pour croquis sont très utiles, car ils peuvent créer des traits larges ou fins, ou même des points. Procurez-vous en un d'une gradation tendre située entre HB et 2B. Bien que le crayon soit l'instrument de base pour dessiner, ne vous y limitez pas. Essayez aussi le fusain, les crayons Conté, le pinceau, l'encre de Chine ou les pastels. Ils pourront tous apporter à vos dessins une touche de couleur et leur donner du volume.

Les gommes

Les gommes ne sont pas seulement utiles pour corriger les erreurs, ce sont également de subtils instruments de dessin. On a le choix entre des gommes mie de pain (ou mastic), en vinyle, en plastique ou en caoutchouc, selon ce qu'on veut en faire. Par exemple, on peut modeler une gomme mastic pour la rendre pointue, ou l'émietter pour créer des rehauts ou une texture avec les petits morceaux. Les gommes en plastique ou en caoutchouc s'utilisent pour les grandes zones.

Le papier

Il existe de nombreux types de papiers qui varient selon la couleur, l'épaisseur et la texture de leur surface (lisse ou à grain). Utilisez un carnet de croquis pour vous entraîner. Pour des dessins plus beaux, essayez le carton pour illustration ou le bristol. Quand vous serez plus à l'aise avec les techniques de dessin, essayez avec du papier de meilleure qualité afin de voir dans quelle mesure il affecte votre travail.

Autre matériel utile

Vous devriez disposer d'une estompe ou d'un tortillon pour créer des textures et des fondus. Les estompes rehaussent certains effets, et une fois qu'elles sont couvertes de plomb, on peut les utiliser pour faire des traînées. Pour économiser le plomb, achetez un affûtoir-frottoir qui vous servira à affûter la pointe du crayon sans avoir à le tailler. Vous pouvez aussi acheter un taille-crayon et une règle de métal. Et enfin, une planche à dessin robuste qui vous fournira une surface stable pendant que vous dessinerez.

Derniers préparatifs

Avant de commencer à dessiner, aménagez-vous une zone de travail spacieuse, dans un endroit bien éclairé par la lumière naturelle.
Assurez-vous que vos instruments et matériel de dessin sont à portée de main, et trouvez-vous une chaise confortable, car vous risquez de passer plusieurs heures d'affilée devant votre dessin. Vous pouvez scotcher les coins de votre feuille sur la planche à dessin afin qu'elle ne glisse pas pendant que vous travaillez. Utilisez une règle pour tracer une marge autour de votre papier, ce qui vous aidera à utiliser astucieusement la surface de votre feuille, surtout si vous avez l'intention d'encadrer ou de matir votre dessin.

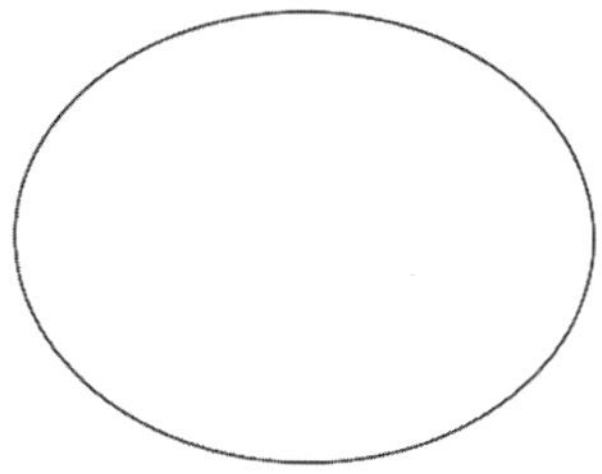

Voici une *silhouette* ovale.

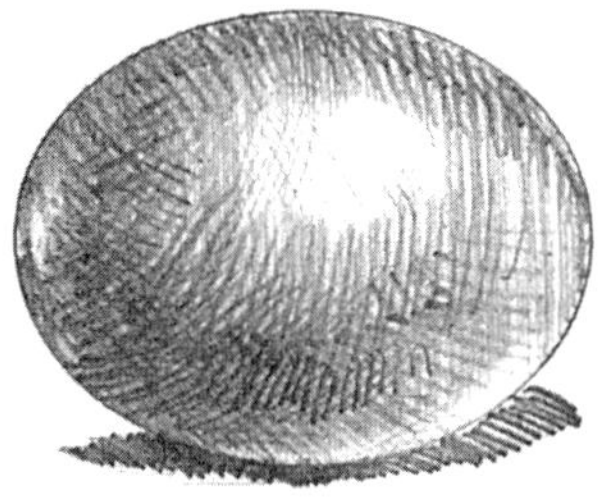

Voici une *forme* arrondie tridimensionnelle.

Pendant la lecture de cet ouvrage, vous remarquerez que nous substituons parfois le mot « silhouette » au mot « forme », ceci afin d'être plus précis. « Silhouette » se réfère au contour de l'objet, tandis que « forme » se réfère volume (tridimensionnel) de ce même objet.

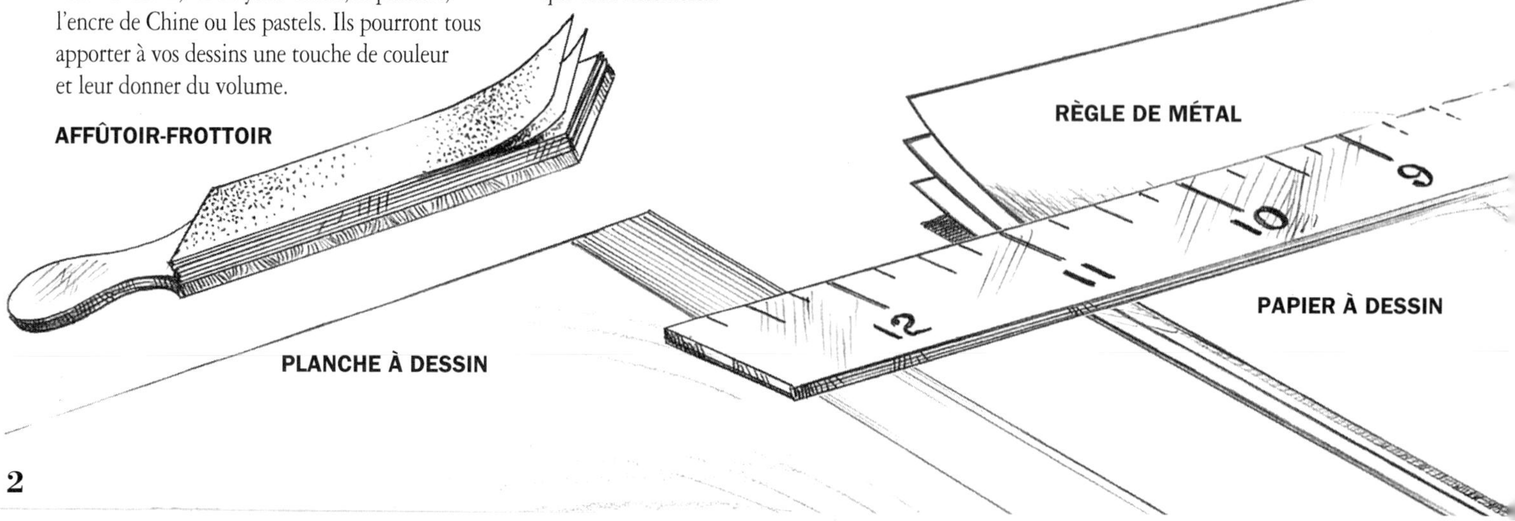

Techniques d'ombrage

Les instruments de dessin décrits à la page précédente vont vous permettre d'ombrer avec habileté et de manière saisissante, ce qui donnera forme et texture à votre sujet. L'ombrage crée une impression de profondeur et de volume sur un objet grâce à l'utilisation de variations dans les *valeurs* relatives, foncées ou claires, d'une couleur, ou d'un noir.

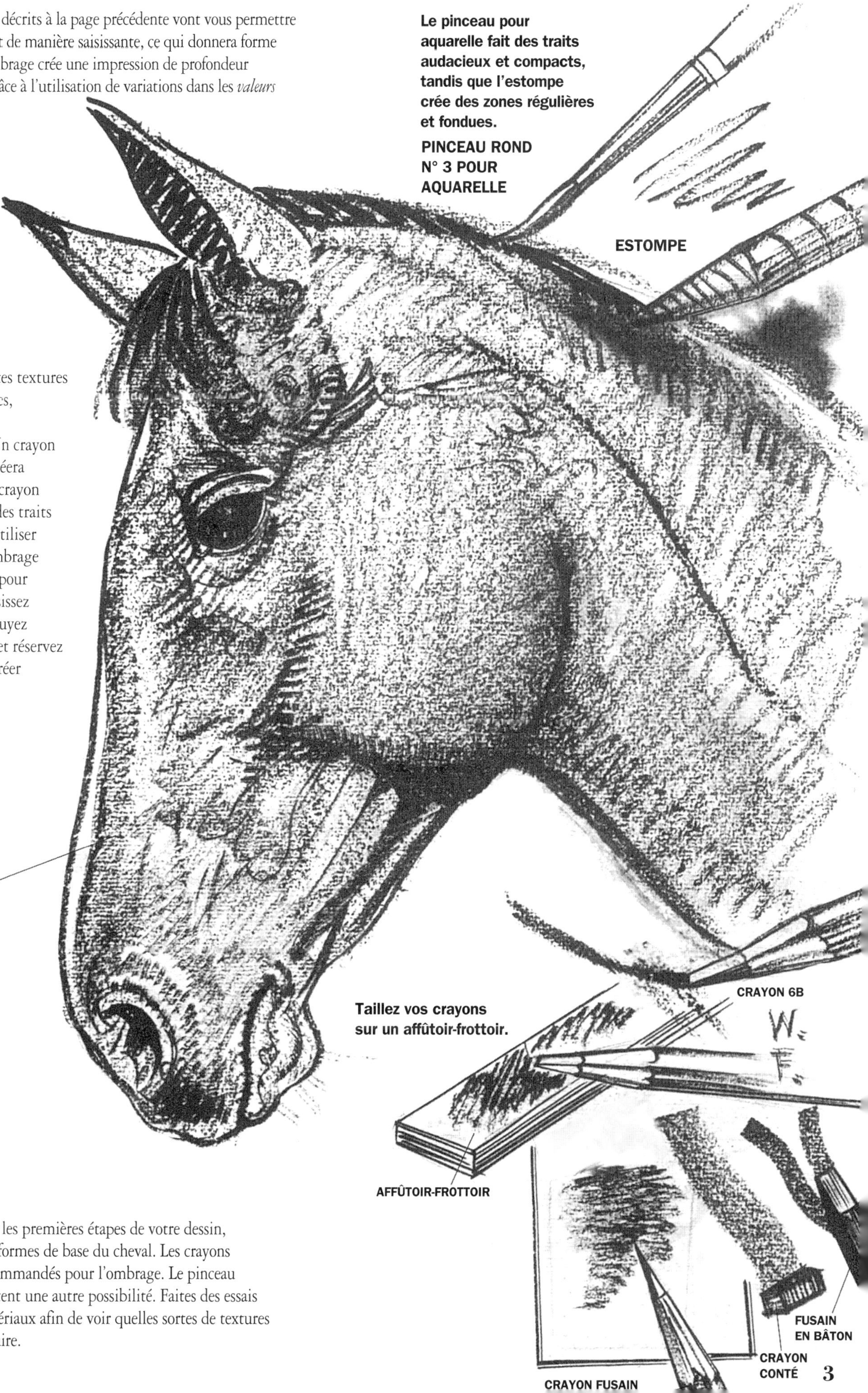

On peut aussi créer différentes textures en variant le type de hachures, les instruments, le papier et les techniques utilisées. Un crayon à la mine taillée en biseau créera des hachures épaisses, et un crayon à la mine pointue produira des traits plus étroits. On peut aussi utiliser la mine par le côté pour l'ombrage de vastes zones, et la pointe pour des détails minutieux. Choisissez une mine plus tendre et appuyez plus pour les zones foncées, et réservez des zones plus claires pour créer du contraste.

Utilisez un crayon HB pour les premières étapes de votre dessin, lorsque vous ébaucherez les formes de base du cheval. Les crayons à mine plus tendre sont recommandés pour l'ombrage. Le pinceau et l'encre de Chine représentent une autre possibilité. Faites des essais avec vos instruments et matériaux afin de voir quelles sortes de textures et effets vous arrivez à produire.

Anatomie et proportions

Il est important d'avoir une certaine connaissance de l'anatomie et des proportions du cheval pour ébaucher correctement la silhouette de base de votre sujet au début de chaque dessin.

La *proportion* se réfère au rapport correct entre une partie et une autre (ou l'ensemble), particulièrement en ce qui concerne la taille ou la forme. La proportion est l'une des clés pour parvenir à la ressemblance avec son sujet. Pour dessiner des animaux et des individus, les artistes utilisent souvent la hauteur de la tête comme unité de mesure afin de déterminer la hauteur des autres parties du corps. Par exemple, le corps d'un cheval fait environ quatre fois la hauteur de sa tête. Employer ce genre d'approximation vous aidera à dessiner votre cheval dans les bonnes proportions.

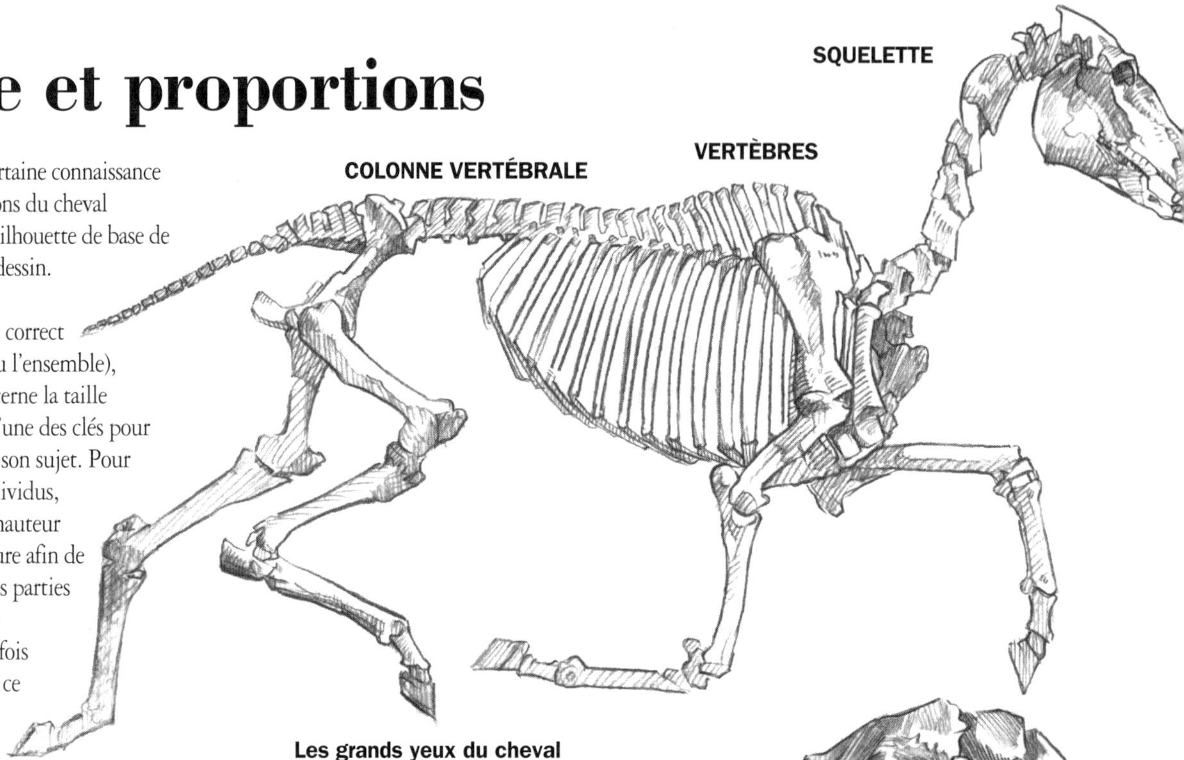

Les grands yeux du cheval sont placés en haut de sa tête allongée. Remarquez la largeur du crâne, du front à la mâchoire inférieure, et le long nez pointu.

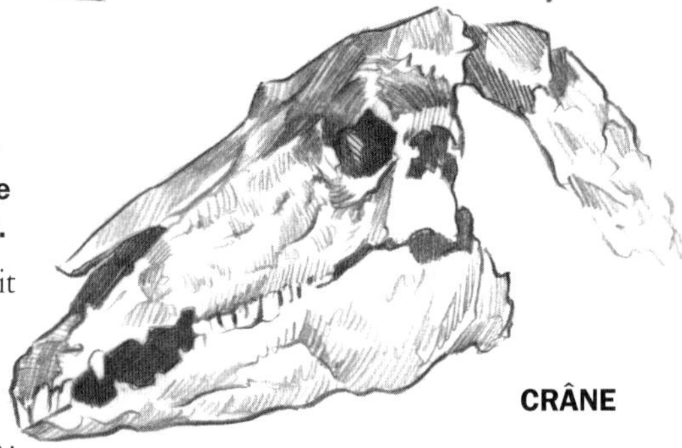

CRÂNE

Pour faire des dessins réalistes, gardez à l'esprit que la forme du cheval est déterminée par son squelette. Il est inutile d'apprendre les noms de toutes les parties de l'anatomie chevaline, ni même d'apprendre à les dessiner ; contentez-vous de garder présentes à l'esprit les tailles et formes de base pendant que vous dessinerez. Par exemple, prenez note de la forme triangulaire du crâne, de la profondeur de la cage thoracique, et des articulations des jambes. Les vertèbres sont légèrement plus élevées dans la zone située sur la cage thoracique, ce qui forme la base du garrot.

SABOT

Le sabot recouvre et protège l'unique orteil de chaque pied du cheval.

OMOPLATE

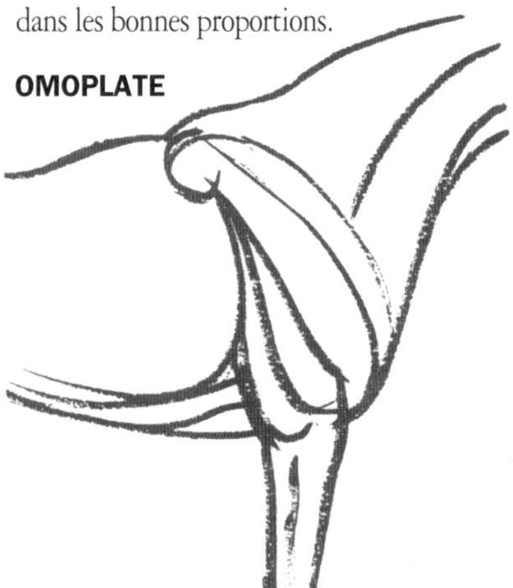

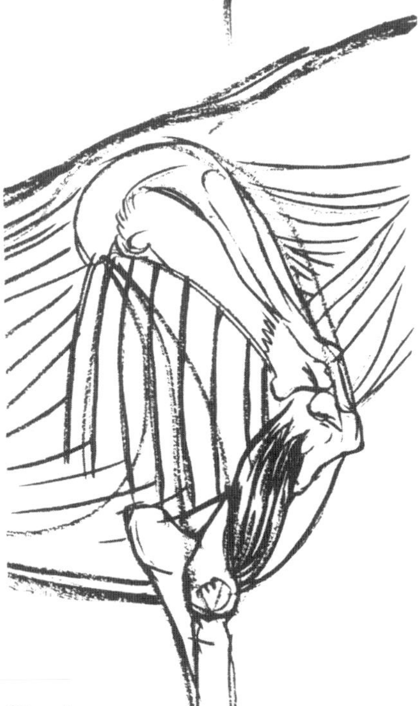

Structure osseuse et musculaire

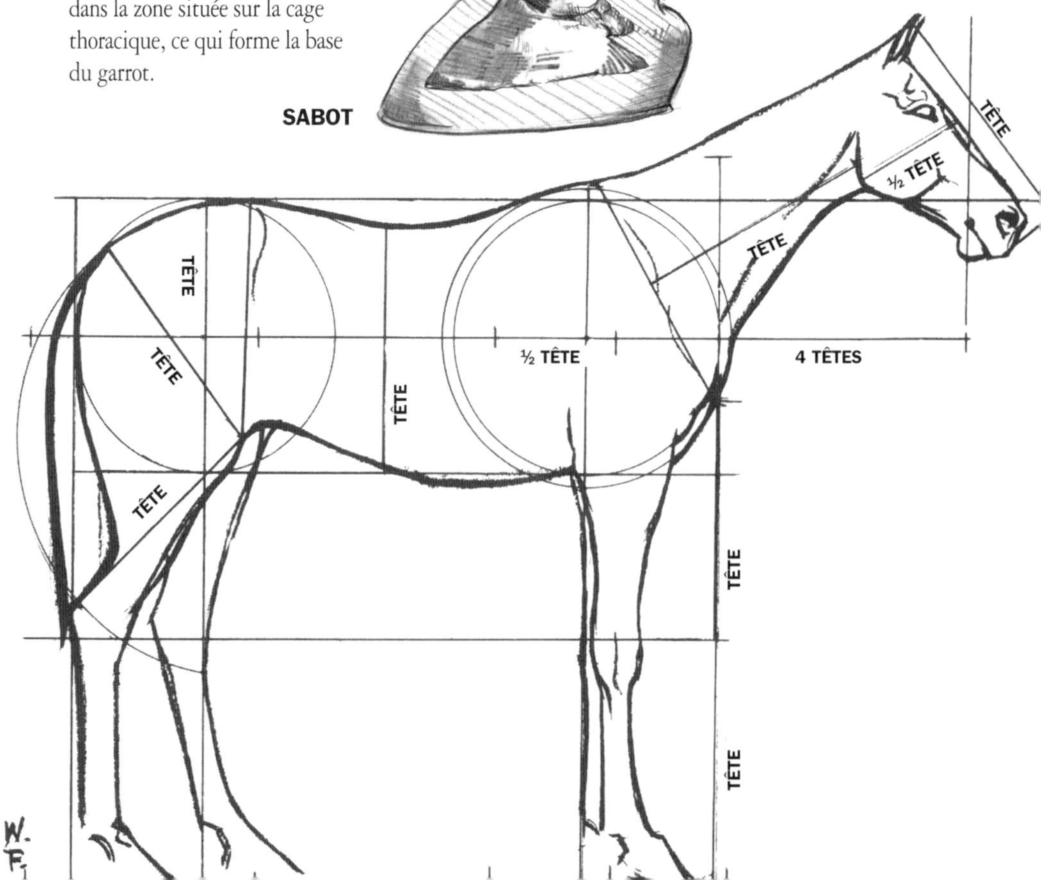

Être familiarisé avec l'anatomie et la musculature du cheval vous aidera à faire des dessins plus réalistes. En général, les zones avec de grands muscles lisses seront ombrées légèrement,
tandis que les zones de petits muscles qui se chevauchent demanderont un ombrage plus complexe. Étudiez les illustrations ci-dessous pour voir comment les muscles et les tendons enrobent le squelette du cheval.

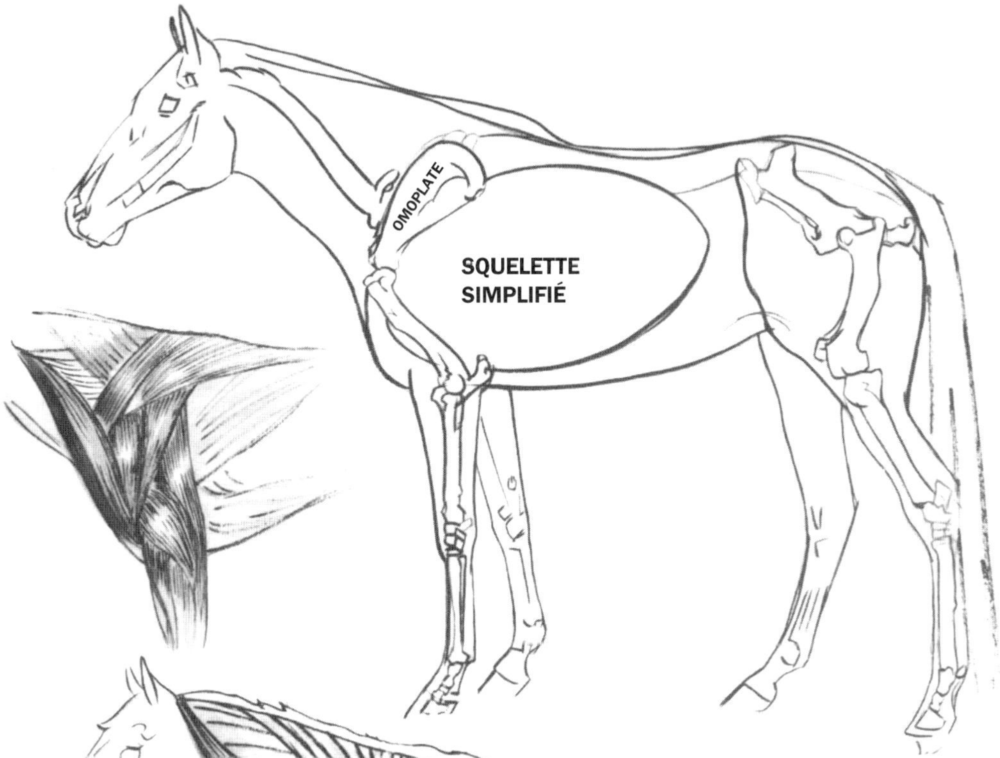

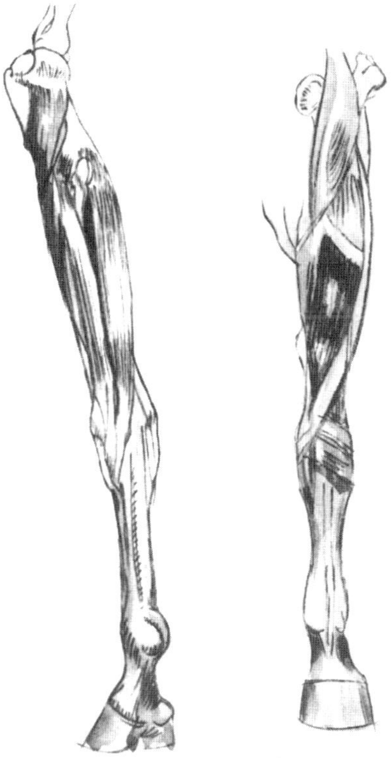

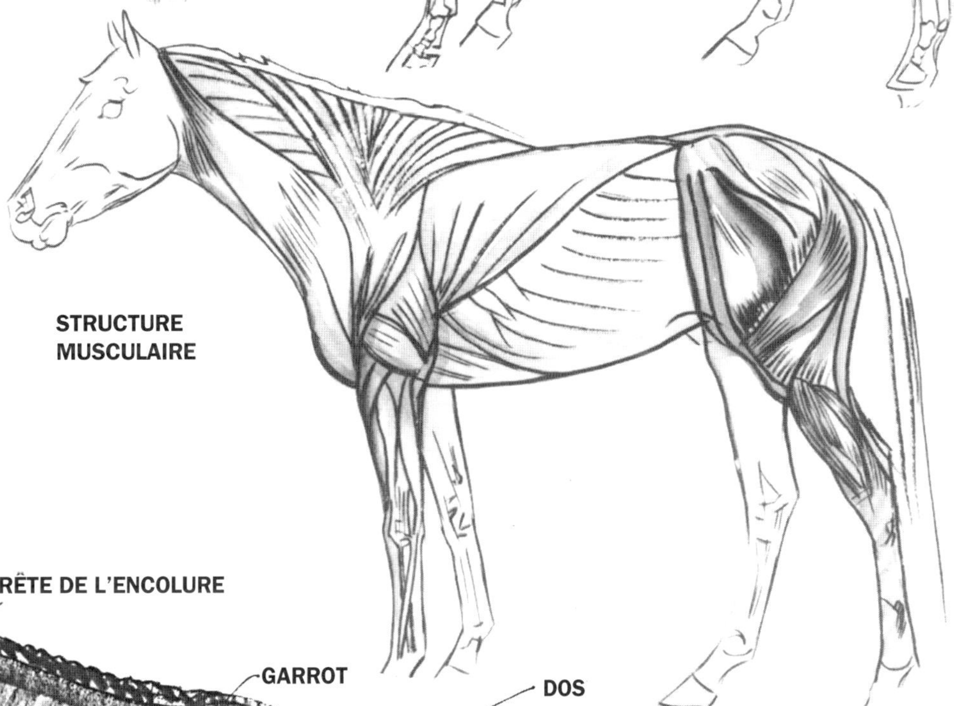

STRUCTURE MUSCULAIRE

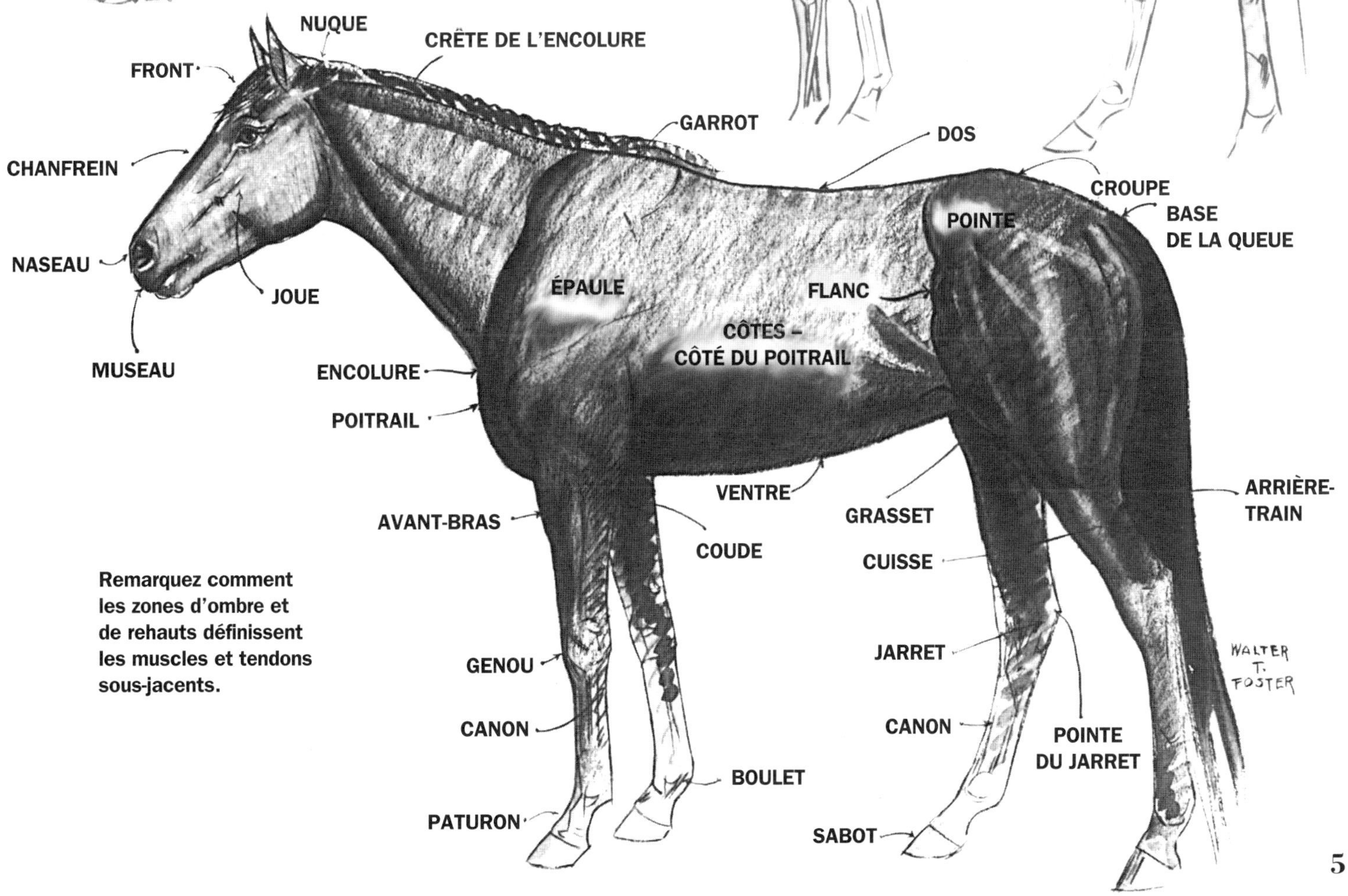

Remarquez comment les zones d'ombre et de rehauts définissent les muscles et tendons sous-jacents.

Les yeux et le museau

Les traits faciaux, comme les yeux et les museaux, sont de bons éléments pour commencer à apprendre à dessiner des chevaux. Si vous êtes débutant, vous pouvez d'abord vous exercer à dessiner ces parties séparément avant de tenter de faire un dessin complet. Étudiez les dessins de cette page, et regardez la façon dont les silhouettes et les formes changent selon l'angle de vue.

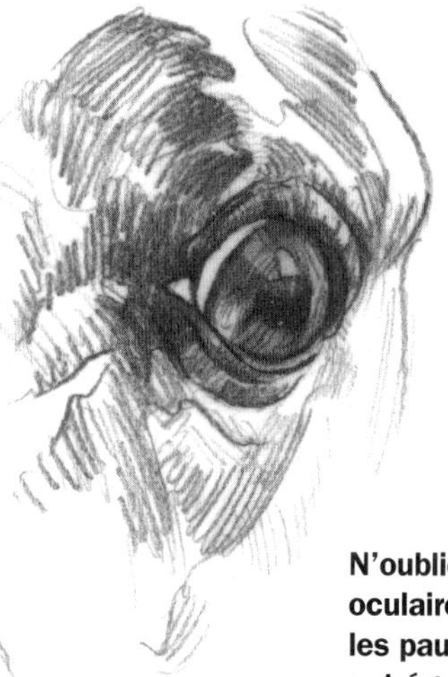

Entraînez-vous en faisant beaucoup de croquis de ces traits à partir de différents angles. Copiez les exemples de cette page, ou choisissez vos propres modèles. Souvent, des détails comme l'expression d'un œil ou l'ombrage autour du naseau, distinguent un dessin moyen d'un dessin remarquable. Commencez par esquisser la silhouette générale au crayon HB, puis affinez vos traits jusqu'à ce que vous soyez satisfait.

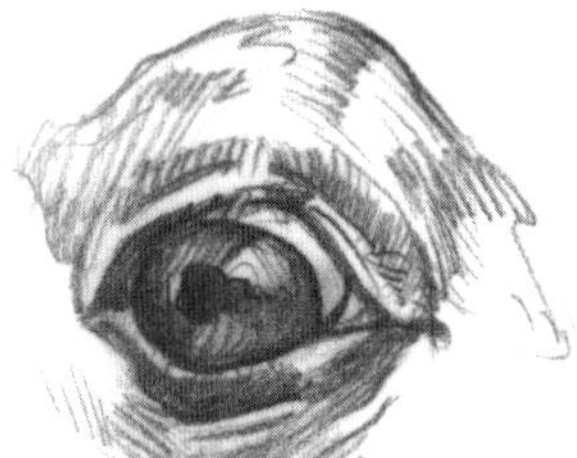

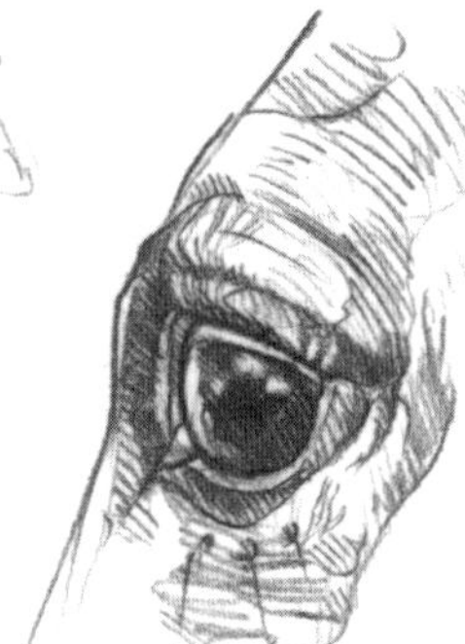

N'oubliez pas que les globes oculaires étant des sphères, les paupières qui les recouvrent ont également une forme sphérique.

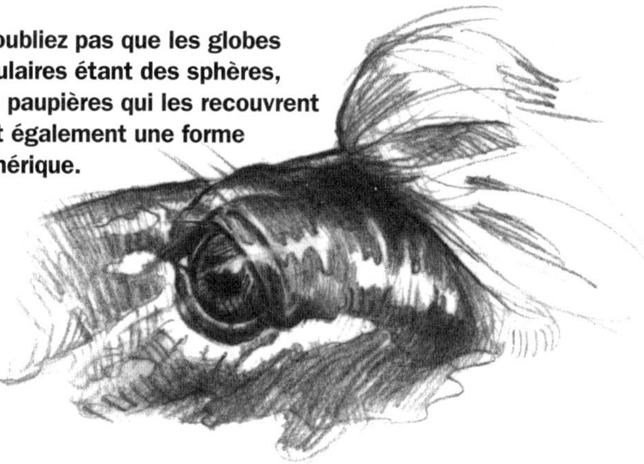

Comme chez tous les mammifères, les yeux des chevaux révèlent leurs émotions et leur personnalité.

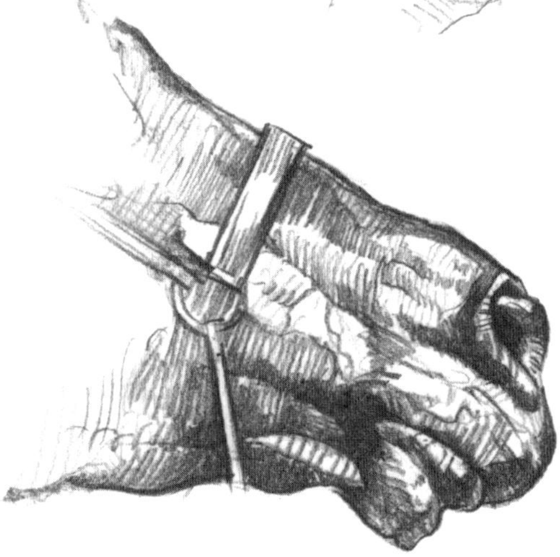

La face des chevaux n'étant pas très charnue, ses divers plans sont assez distincts, car ils révèlent la structure sous-jacente du crâne.

Lorsque vous dessinez des chevaux – ou n'importe quel autre sujet – il vaut mieux travailler à partir de modèles vivants ou de photographies. En effet, essayer de dessiner de mémoire ou selon son imagination, est beaucoup plus difficile. Rassemblez des photographies de chevaux et de poulains trouvées dans des catalogues, des magazines et des livres, et gardez-les dans un dossier qui vous servira de documentation.

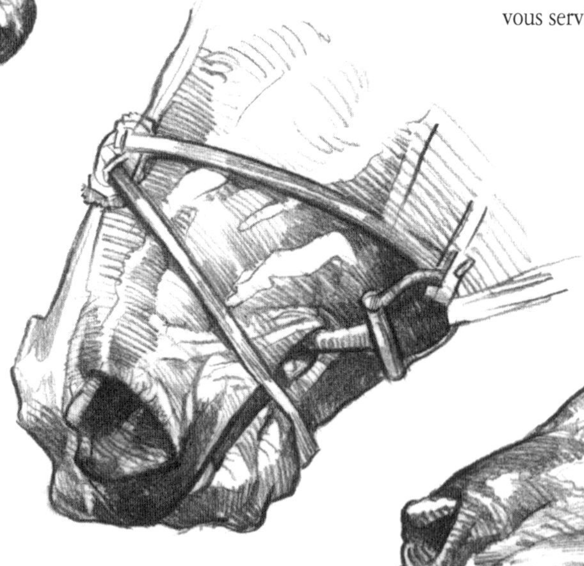

La forme des muscles, des veines et des tendons peut également être discernée sous la peau et le pelage brillant.

Des changements dans les valeurs ainsi que dans la direction des hachures vous aideront à faire des dessins tridimensionnels.

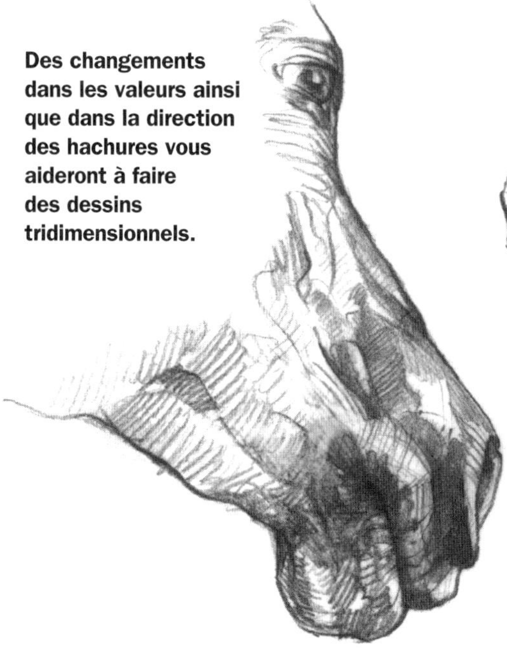

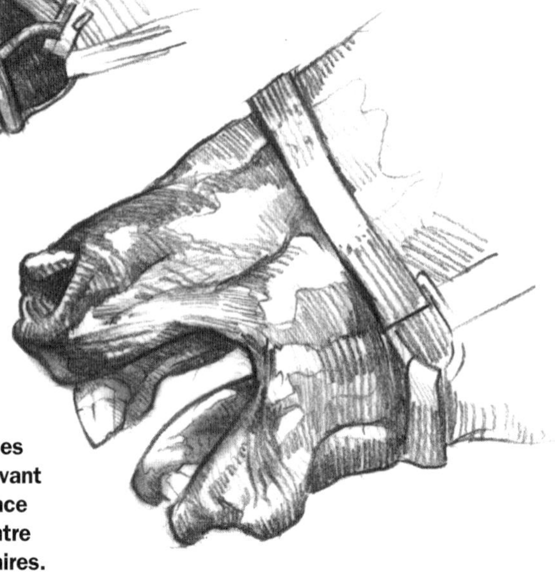

Les chevaux ont quelques grandes dents sur le devant de la bouche et un espace vide de chaque côté, entre les incisives et les molaires.

Les oreilles et les sabots

La position des oreilles du cheval révèle son humeur. Par exemple, si elles sont dressées vers l'avant, cela indique généralement un vif intérêt, tandis que si elles sont au contraire rabattues en arrière, c'est un signe de contrariété, d'inconfort ou de peur. Lorsque vous vous entraînerez à dessiner les oreilles dans différentes positions, remarquez comment on utilise l'ombrage pour définir leur forme.

Faites des hachures parallèles pour mettre l'accent sur la position dressée de ces oreilles en alerte.

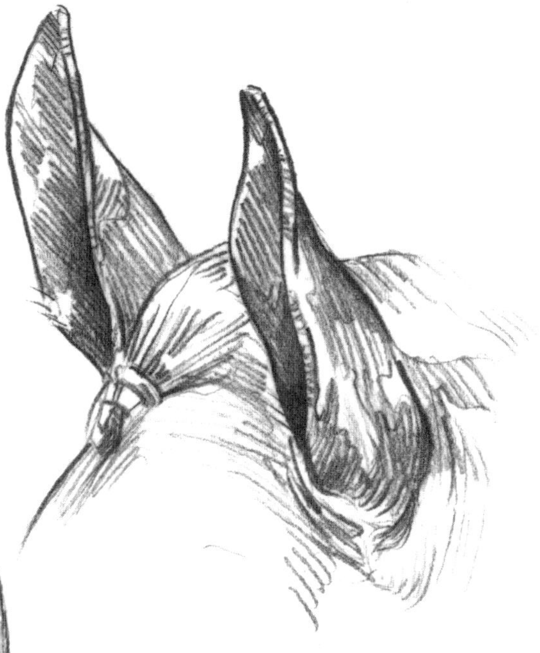

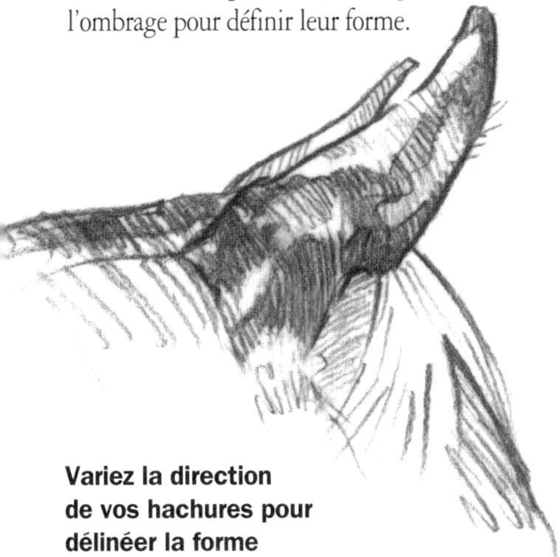

Variez la direction de vos hachures pour délinéer la forme arrondie de l'oreille.

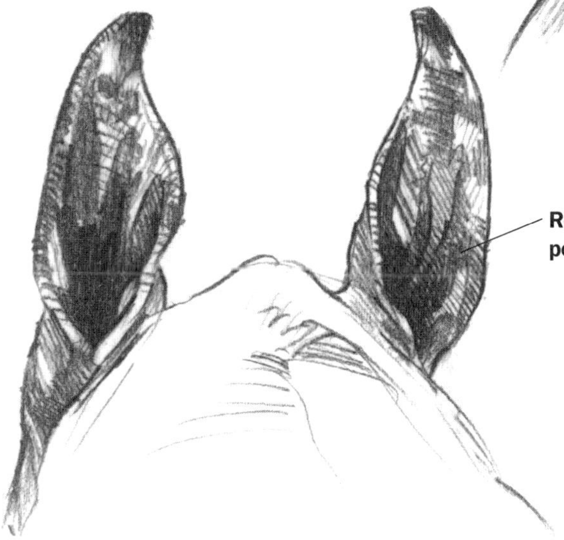

Réservez les valeurs les plus foncées pour l'intérieur de l'oreille.

Les fers à cheval sont cloués dans la paroi externe du sabot, mais le cheval ne ressent pas de douleur, parce que cette paroi ne comporte aucune terminaison nerveuse, tout comme il est indolore pour les humains de se couper les ongles.

Un sabot est un revêtement qui protège l'os de l'orteil sous-jacent. La fourchette est la zone la plus tendre sous le sabot. Vous remarquerez que ce dernier est plus long sur le devant qu'à l'arrière ; assurez-vous que votre dessin reflète le bon angle du sabot.

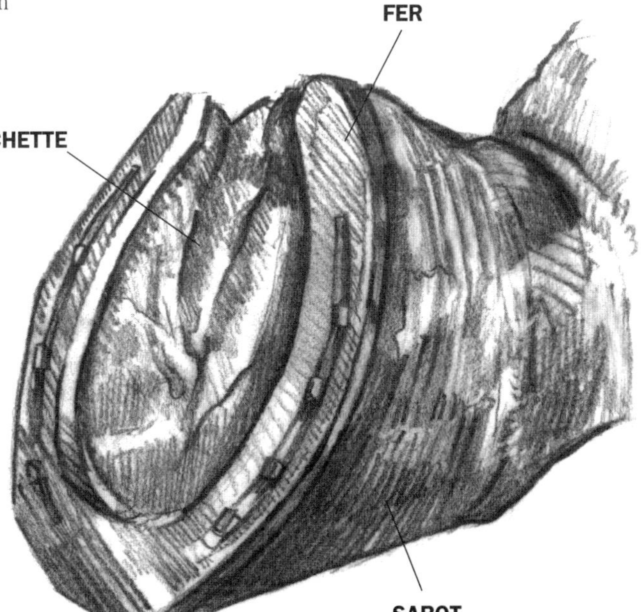

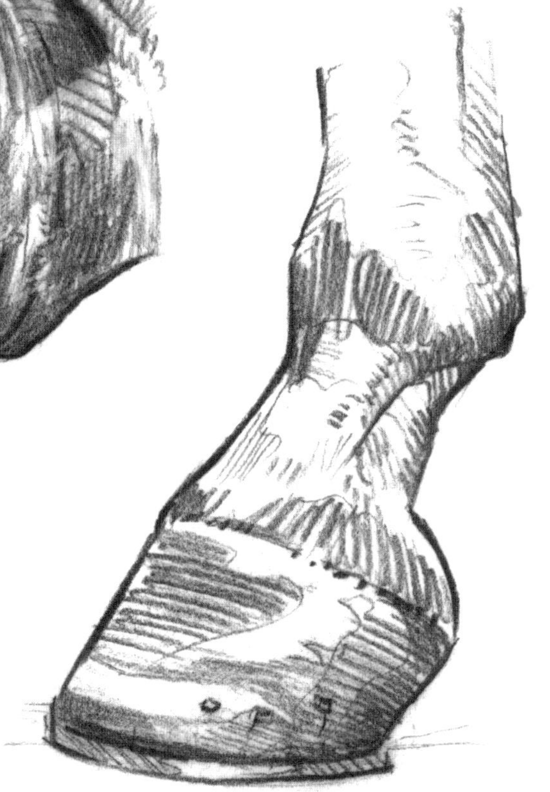

Pour montrer la courbure du sabot, employez des valeurs plus ou moins claires ou foncées. N'oubliez pas de réserver des rehauts là où la lumière touche le sabot.

Têtes de base

Les proportions de ce jeune poulain sont légèrement différentes de celles de l'adulte de la page suivante. De plus on l'a représenté légèrement de trois-quarts.

Aux étapes A et B, commencez par tracer les trois lignes de guidage pour établir la taille et la silhouette de la tête. Les étapes sont numérotées afin de vous permettre de voir le premier coup de crayon pendant que vous faites le second, afin de vous assurer de la justesse de vos proportions. Vous avez le choix entre la méthode pour droitiers ou celle pour gauchers selon votre cas.

MÉTHODE POUR LES DROITIERS

A

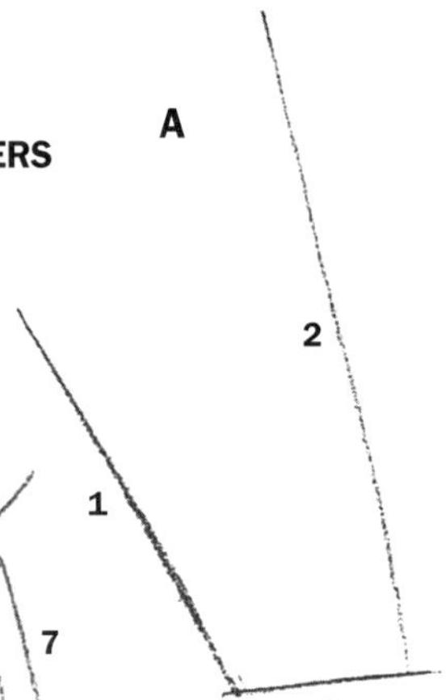

B

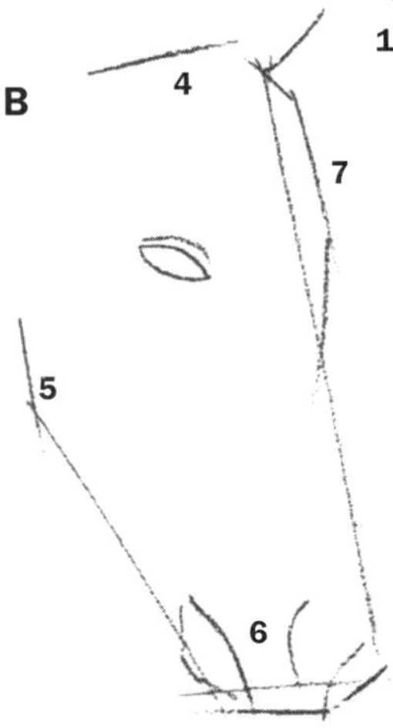

Esquissez les lignes de guidage dans l'ordre indiqué.

C

Une fois que vous aurez établi l'emplacement des traits, commencez à affiner vos lignes, comme indiqué aux étapes C et D. Remarquez la ligne qui s'étend de long de la face à l'étape D : elle délimite le plan du haut par rapport au plan latéral, ce qui donne du volume à la tête. Continuez à ajouter des détails jusqu'à ce que vous soyez satisfait. Si vous le souhaitez, vous pourrez ajouter un peu d'ombrage pour faire ressortir la forme.

Affinez les lignes et ajoutez des détails jusqu'à ce que vous parveniez à une ressemblance avec votre sujet.

MÉTHODE POUR LES GAUCHERS

A

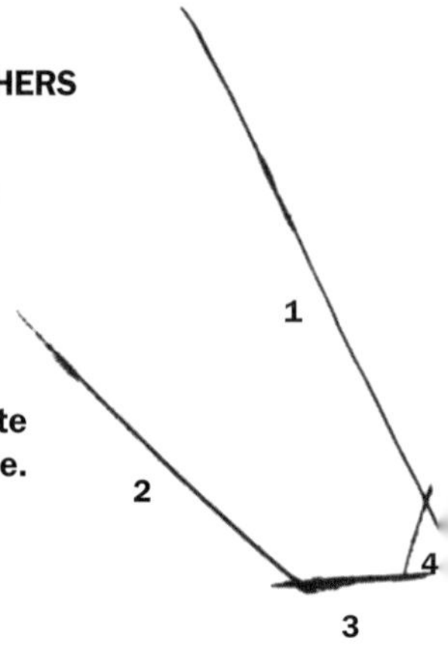

B

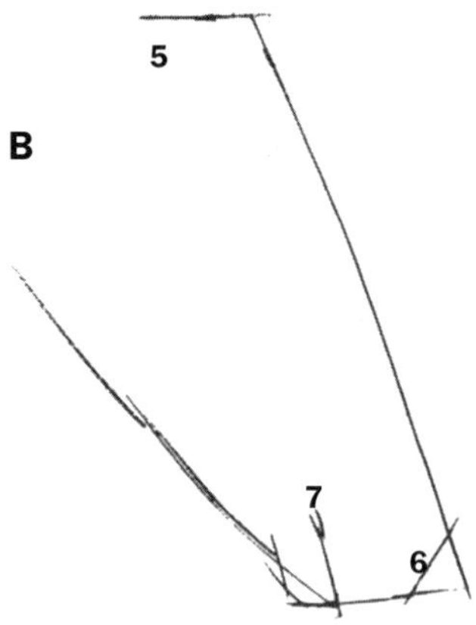

C

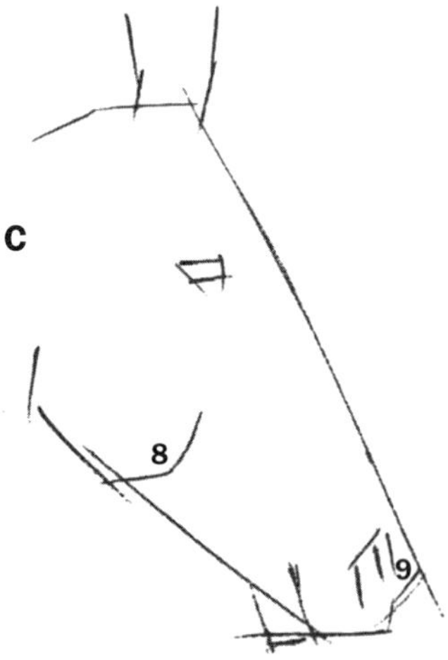

D

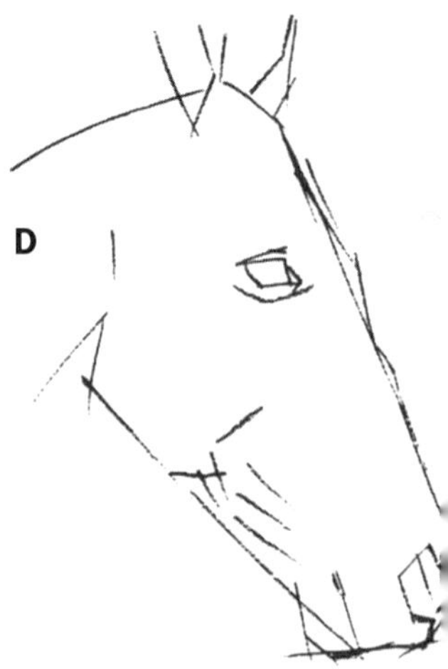

D

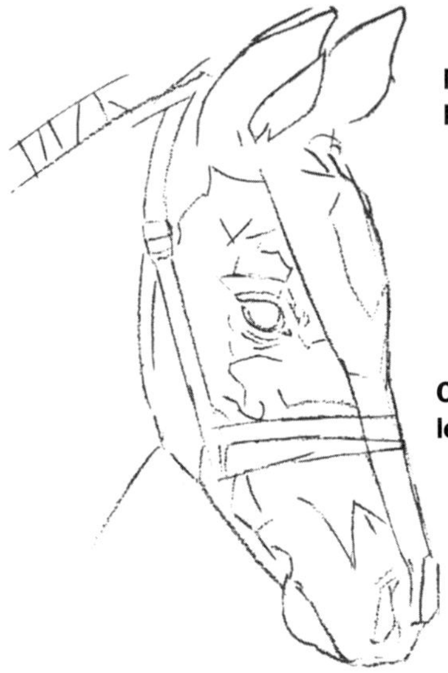

Cette ligne délimite les plans de la tête.

E

Représentez légèrement les muscles qui se trouvent immédiatement sous la peau.

Bien que les chevaux aient tous la tête de la même forme de base, on observe des variations selon les races et les individus. Le dessin de cette page représente un pur-sang classique, de profil, avec son nez droit et son museau légèrement pointu. Entraînez-vous à dessiner de nombreux profils différents, et voyez si vous arrivez à faire ressortir les caractéristiques de chacun.

D

G

A

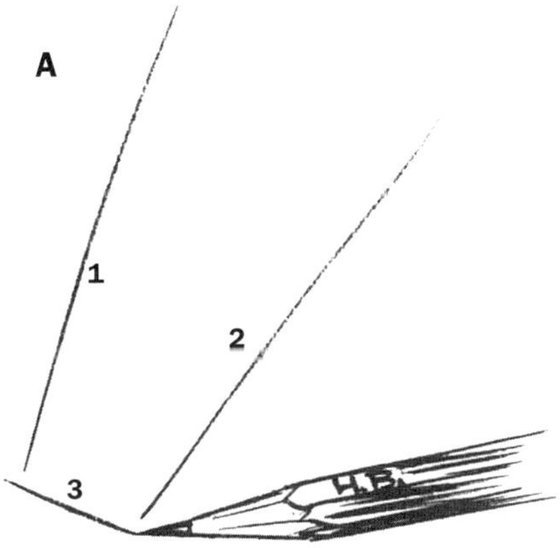

Aux étapes A et B, utilisez un crayon HB pour ébaucher quelques lignes de guidage de base afin d'établir la position et les proportions générales de la tête. Croquez ensuite le contour des oreilles et des joues, puis esquissez la position de l'œil, du naseau et de la bouche, comme indiqué à l'étape C. Lorsque vous serez satisfait de votre contour, arrondissez le museau, définissez les traits, puis suggérez les muscles sous-jacents, comme indiqué aux étapes D et E.

H

B

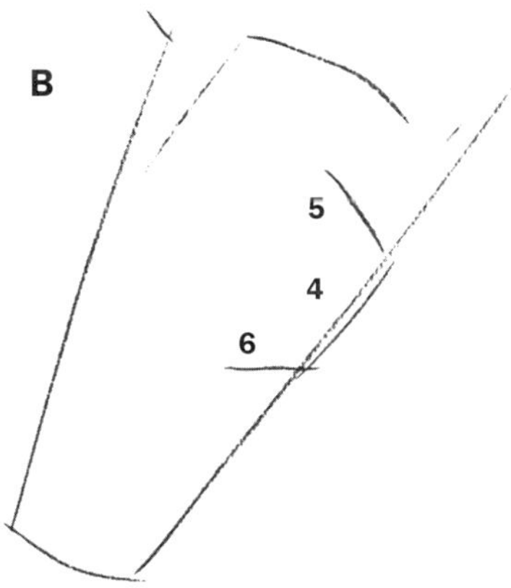

E

Dans les étapes finales, étudiez votre modèle avant d'affiner davantage vos silhouettes et d'ajouter des détails. Notez la longueur et la position des oreilles, l'angle du cou ainsi que la courbure du nez et de la lèvre inférieure. Cherchez le point où les lignes du cou et de la mâchoire inférieure rencontrent la joue. En même temps que l'amélioration de votre sens de l'observation, vous constaterez l'amélioration de vos dessins.

Ne vous préoccupez pas du résultat final pour l'instant. Tant que vous en serez au stade de l'élaboration de vos proportions et de l'amélioration de votre sens de l'observation, contentez-vous de faire des croquis libres. Vous vous concentrerez plus tard sur les techniques d'ombrage.

C

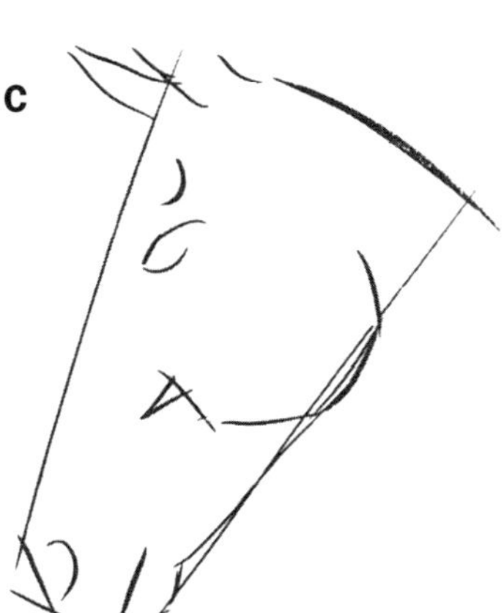

F

Pour un effet plus spectaculaire, repassez votre dessin au pinceau et à l'encre de Chine.

Têtes fignolées

Ce profil a été un peu plus développé que les exemples précédents. Vous devez suivre les mêmes étapes que précédemment, mais faire plus attention à ne poser vos traits et vos ombrages qu'après mûre réflexion. N'oubliez pas qu'il faut observer attentivement votre sujet si vous voulez parvenir à une bonne ressemblance.

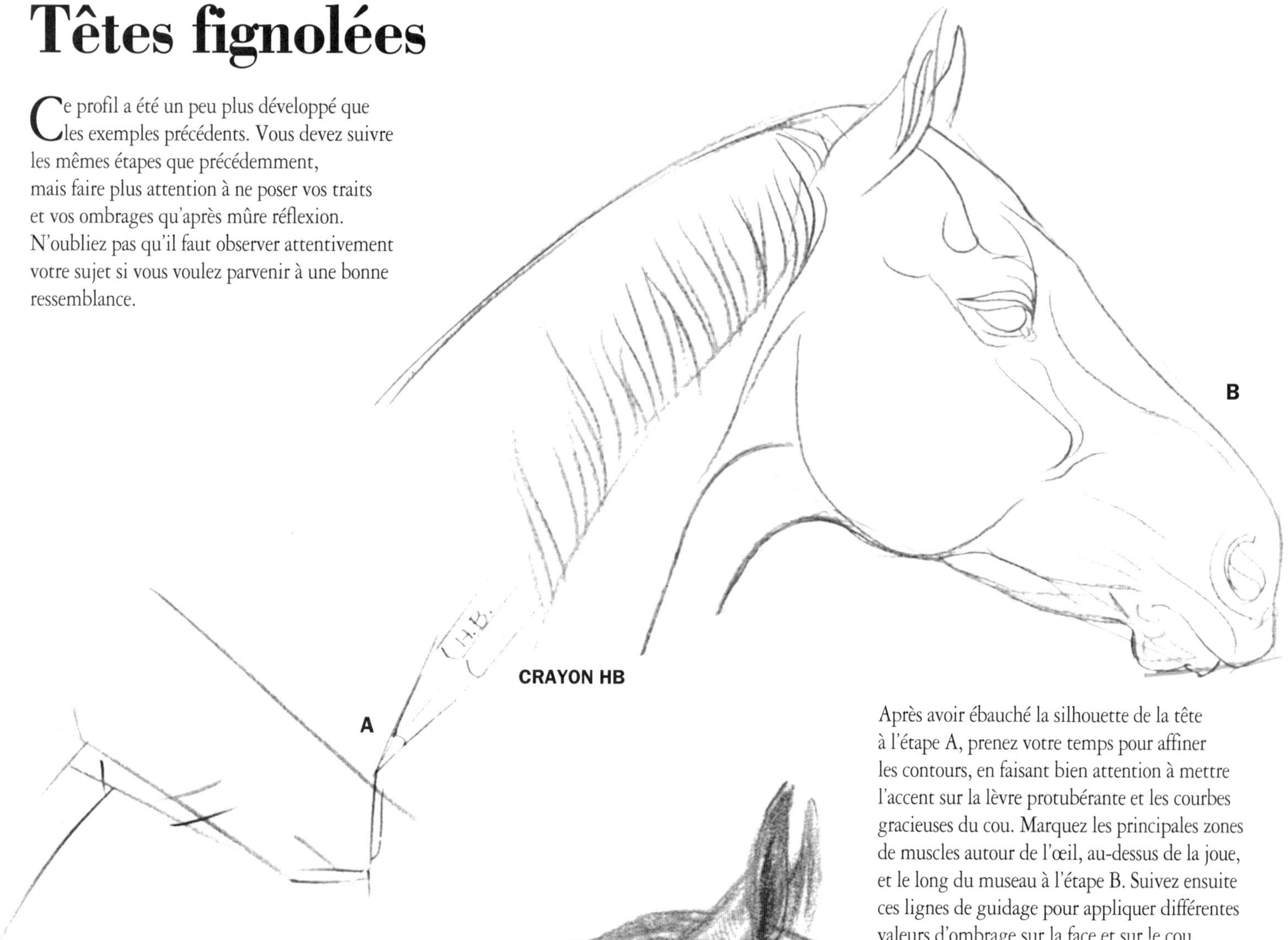

B

CRAYON HB

A

Après avoir ébauché la silhouette de la tête à l'étape A, prenez votre temps pour affiner les contours, en faisant bien attention à mettre l'accent sur la lèvre protubérante et les courbes gracieuses du cou. Marquez les principales zones de muscles autour de l'œil, au-dessus de la joue, et le long du museau à l'étape B. Suivez ensuite ces lignes de guidage pour appliquer différentes valeurs d'ombrage sur la face et sur le cou, en utilisant un crayon à mine tendre par le côté.

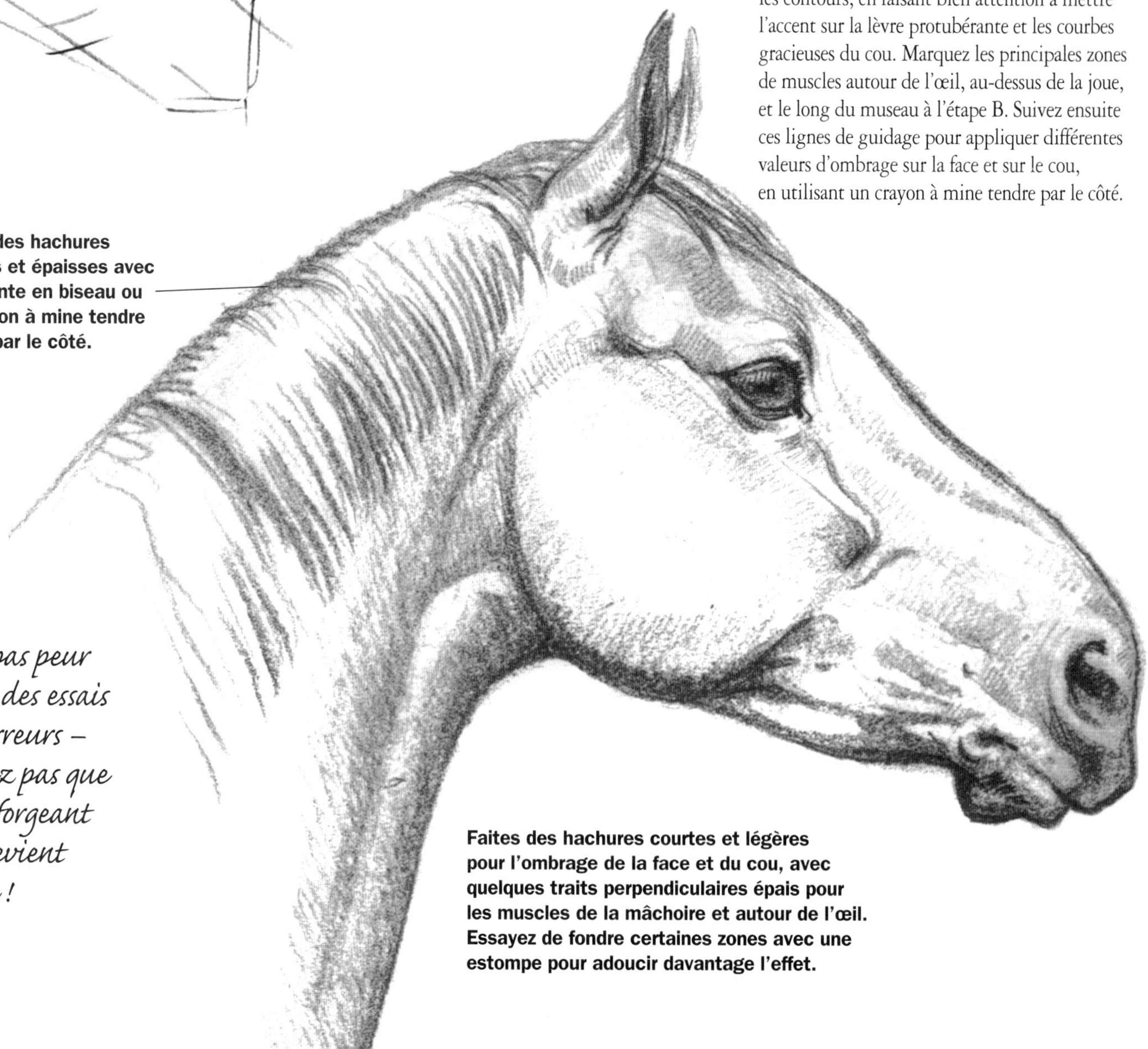

Faites des hachures longues et épaisses avec une pointe en biseau ou un crayon à mine tendre utilisé par le côté.

N'ayez pas peur de faire des essais et des erreurs – n'oubliez pas que c'est en forgeant qu'on devient forgeron !

Faites des hachures courtes et légères pour l'ombrage de la face et du cou, avec quelques traits perpendiculaires épais pour les muscles de la mâchoire et autour de l'œil. Essayez de fondre certaines zones avec une estompe pour adoucir davantage l'effet.

Voici quelques exemples un peu plus complexes qui vous aideront à vous exercer aux techniques d'ombrage. Remarquez les différences dans l'angle de vue, le traitement de la crinière et la sellerie (les brides et le licou). Comme toujours, commencez par quelques lignes d'ébauche, affinez votre contour et ajoutez ensuite l'ombrage.

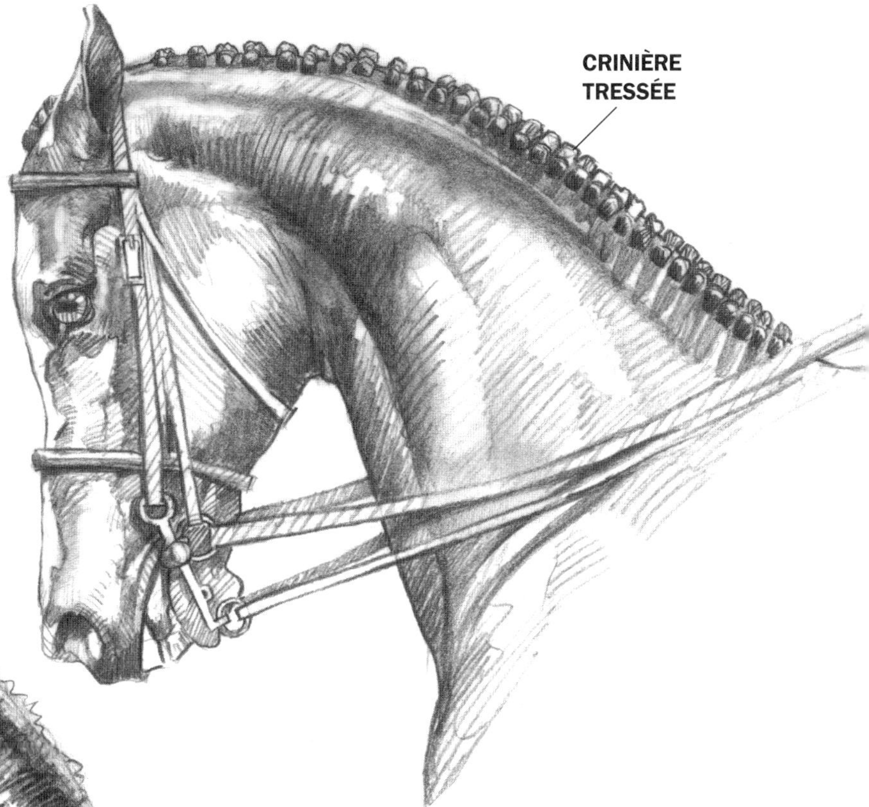

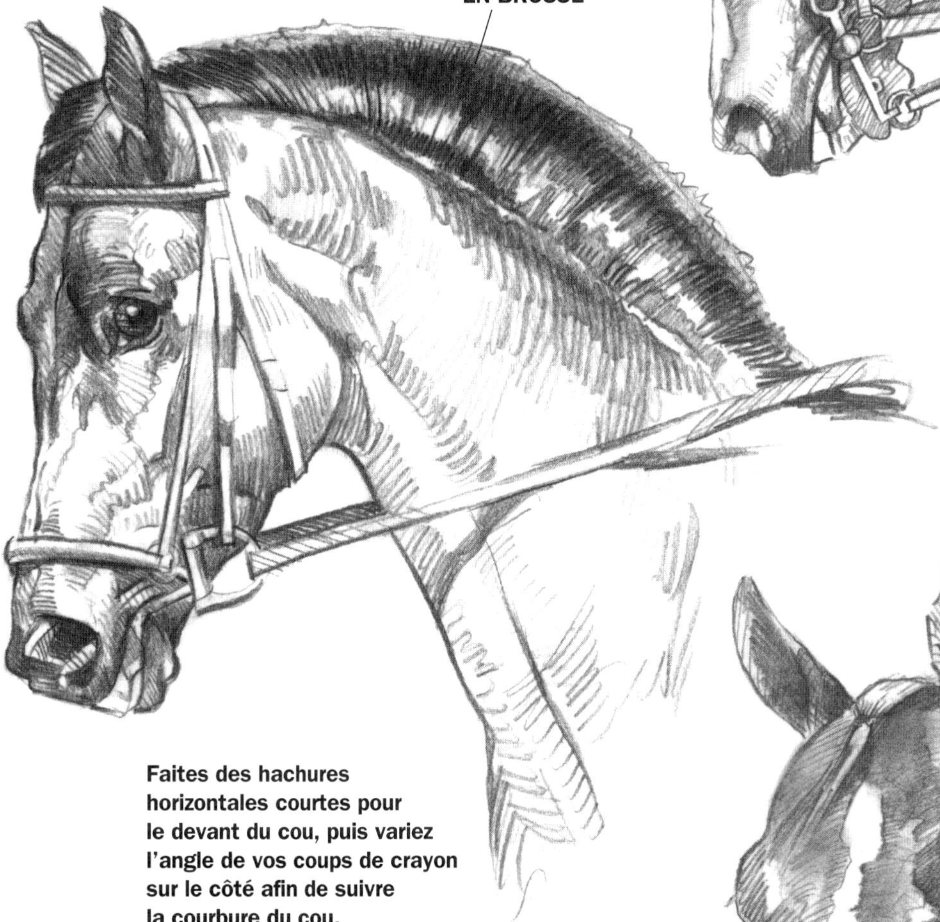

Faites des hachures horizontales courtes pour le devant du cou, puis variez l'angle de vos coups de crayon sur le côté afin de suivre la courbure du cou.

Les chevaux de concours ont souvent la crinière tressée, et les crinières en brosse ont été rasées pour ne faire que quelques centimètres afin qu'elles restent dressées. Ces deux styles de crinières laissent apparaître le cou des chevaux, ce qui vous donne l'opportunité de vous entraîner à ombrer les muscles de la tête et du cou. Étant donné qu'il y a de nombreuses différences entre les races, votre sens de l'observation sera mis à l'épreuve lorsque vous dessinerez des chevaux.

Pour obtenir un effet adouci, sélectionnez un crayon 6B et utilisez-le avec la mine taillée en biseau, ou par le côté, afin de tracer de grandes hachures régulières.

Pendant que vous ombrerez ces têtes, observez attentivement la façon dont le contraste entre les valeurs claires et foncées donne forme au cheval. Les valeurs foncées et moyennes ajoutent de la profondeur, tandis que les rehauts font ressortir ces zones. Variez la forme de vos hachures pour mettre l'accent sur les différentes textures sur les robes brillantes, les crinières plus rêches et le cuir lisse de la sellerie.

Le corps d'un poulain

Les poulains ont une grande joie de vivre et aiment beaucoup s'amuser. Ils aiment courir et ruer, et ils adorent se faire admirer, tout comme les enfants qu'ils sont. Essayez de saisir cette espièglerie dans vos dessins.

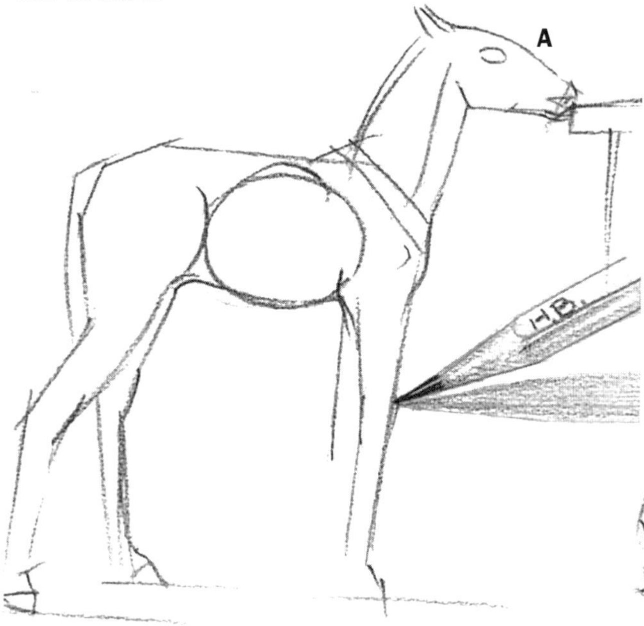

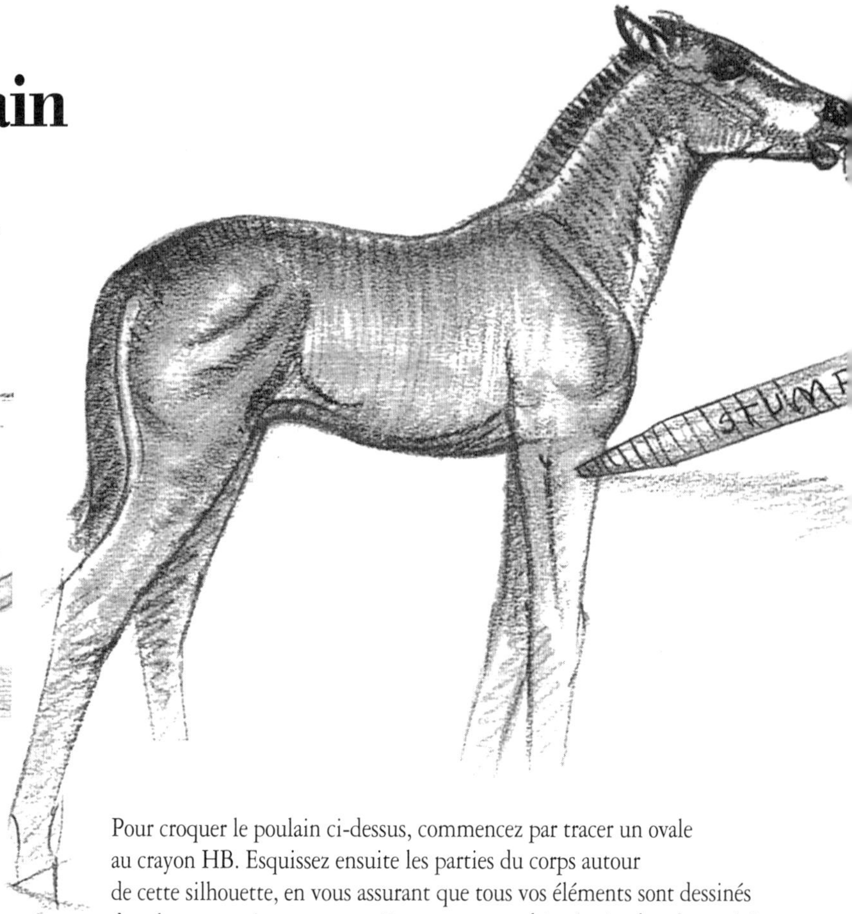

Pour croquer le poulain ci-dessus, commencez par tracer un ovale au crayon HB. Esquissez ensuite les parties du corps autour de cette silhouette, en vous assurant que tous vos éléments sont dessinés dans les proportions correctes. Remarquez combien les jambes du poulain sont longues par rapport à son corps. Employez ensuite un crayon 6B pour ombrer l'animal, en fondant certaines zones avec une estompe pour lui donner l'air doux et rondelet.

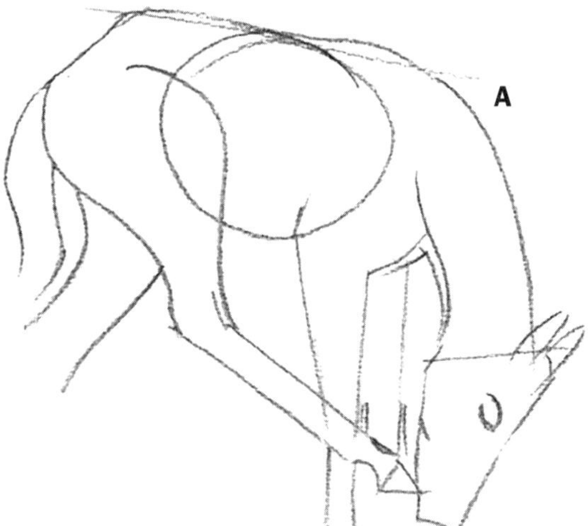

Ce dessin a été fait sur du papier torchon, et fignolé avec la technique de la *brosse sèche*. Après avoir travaillé le contour du poulain au crayon, appliquez les valeurs claires et moyennes avec des lavis à l'encre de Chine ou à l'aquarelle noire. Utilisez ensuite un pinceau sec et de l'encre non diluée pour poser les ombres et les détails les plus foncés. La technique de la brosse sèche produit des lignes grossières, cassées, aux bords cannelés, ce qui est une façon facile de créer de la texture.

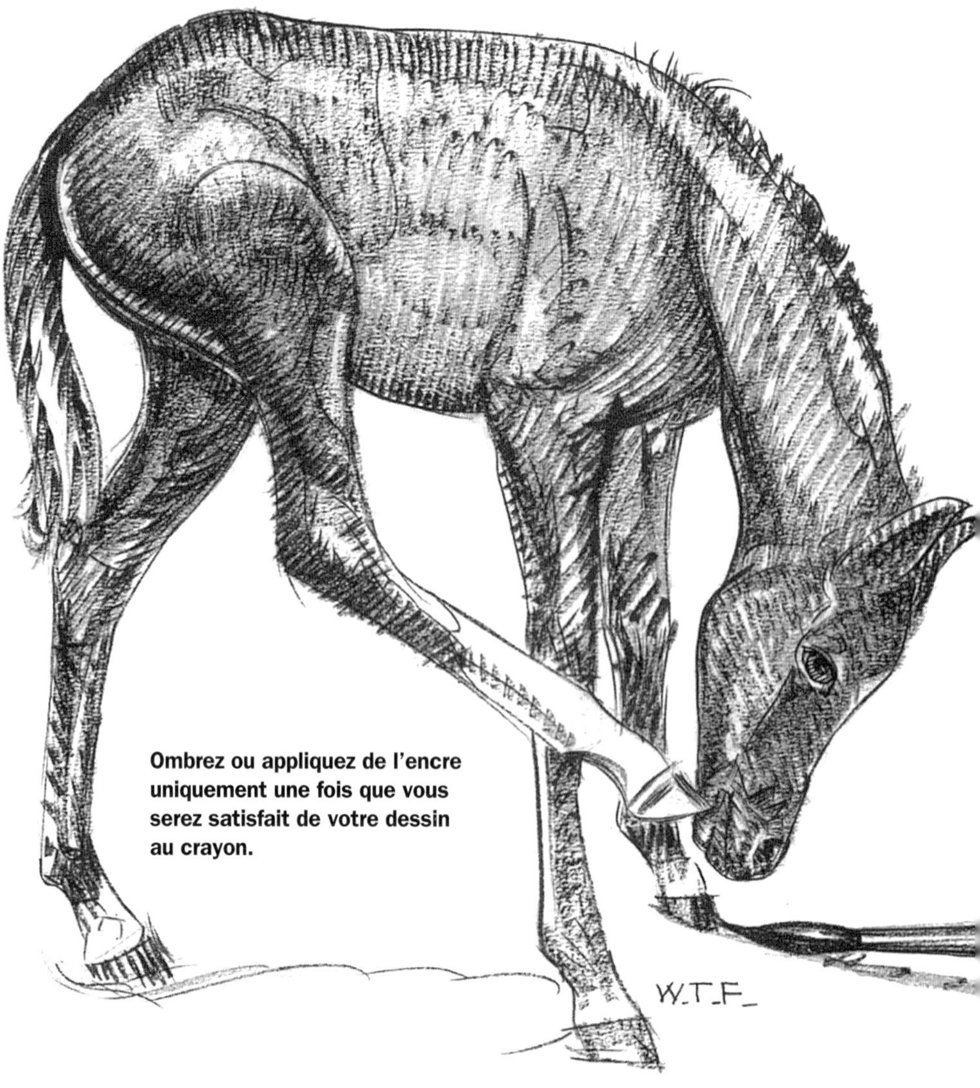

Ombrez ou appliquez de l'encre uniquement une fois que vous serez satisfait de votre dessin au crayon.

Ici aussi des couches de lavis à l'encre ont été utilisées pour obtenir un dessin plus compact. Après avoir ébauché la silhouette de base du corps au crayon HB, affinez les lignes jusqu'à ce que vous soyez satisfait de vos proportions et de vos contours. Utilisez ensuite un pinceau propre pour appliquer de l'eau pure sur le corps du poulain, en faisant bien attention à ne pas déborder de ses contours. Après, chargez votre pinceau d'encre diluée, et passez-le en lavis sur le corps en couches unies et régulières. Cette technique appelée *humide sur humide*, produit des mélanges doux et libres. Notez cependant que les lavis sont plus difficiles à contrôler avec cette méthode que lorsqu'on peint en humide sur sec ou avec la technique de la brosse sèche.

Essayez de peindre en humide sur humide, ou laissez sécher votre papier entre les lavis. Quand vous appliquerez vos lavis, laissez quelques zones plus claires pour les rehauts et appliquez des couches d'encre supplémentaires pour les zones foncées du cou et du ventre. Utilisez le bout d'un pinceau sec pour dessiner les contours fins et les détails.

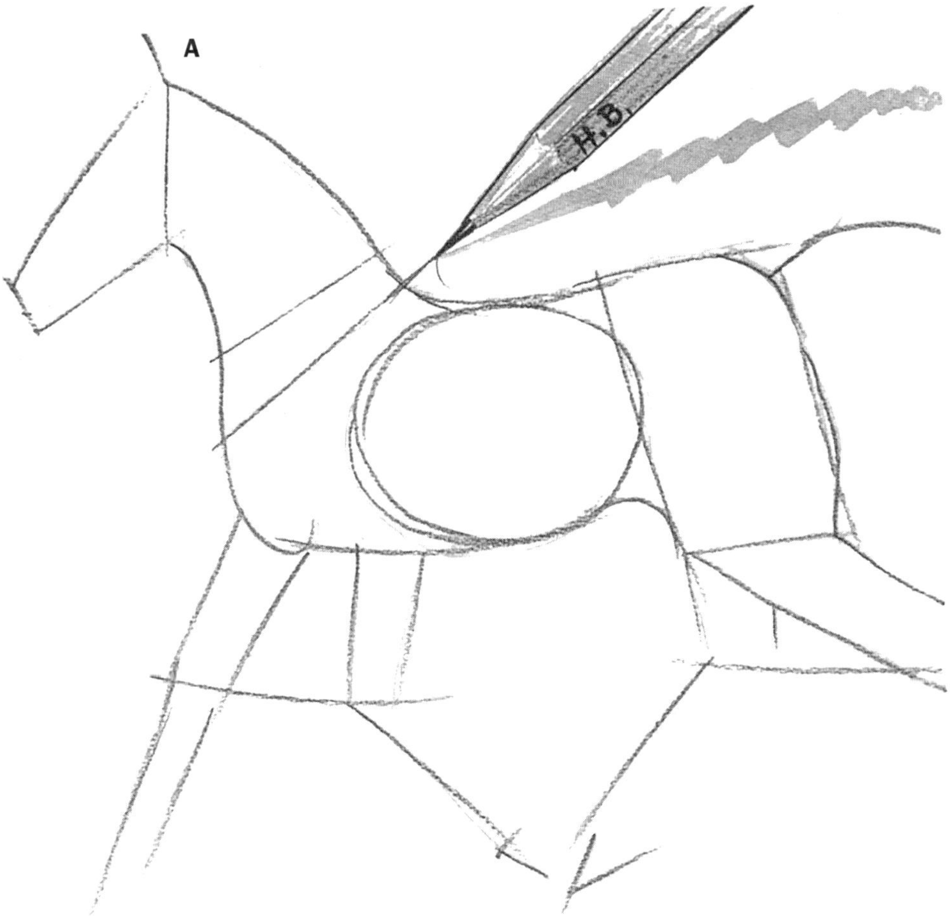

Pendant le trot, les jambes en diagonale de ce fringant poulain travaillent à l'unisson dans une allure rapide à deux temps.

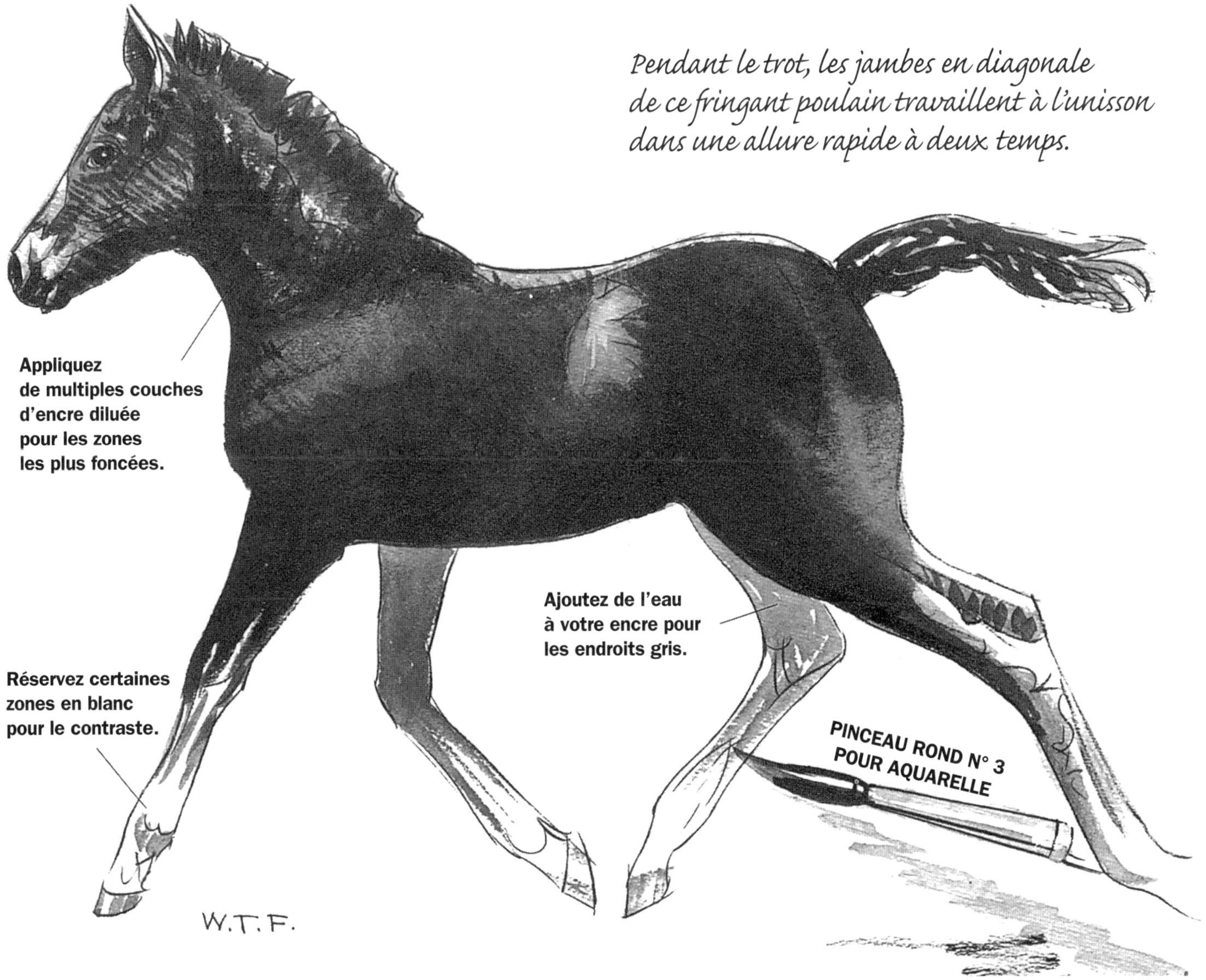

Le corps d'un cheval adulte

Les chevaux à allures, comme le Hackney peuvent lever les jambes extrêmement haut. Étudiez attentivement votre sujet pour vous assurer que vous dessinez correctement les proportions des jambes. Lorsque vous ébaucherez ce cheval qui marche d'un pas relevé, commencez par un ovale pour la partie médiane, puis ajoutez des formes circulaires pour la croupe et le poitrail. Ébauchez ensuite la tête, les jambes et la queue, puis commencez à représenter les principales zones musculaires, comme indiqué à l'étape A.

A

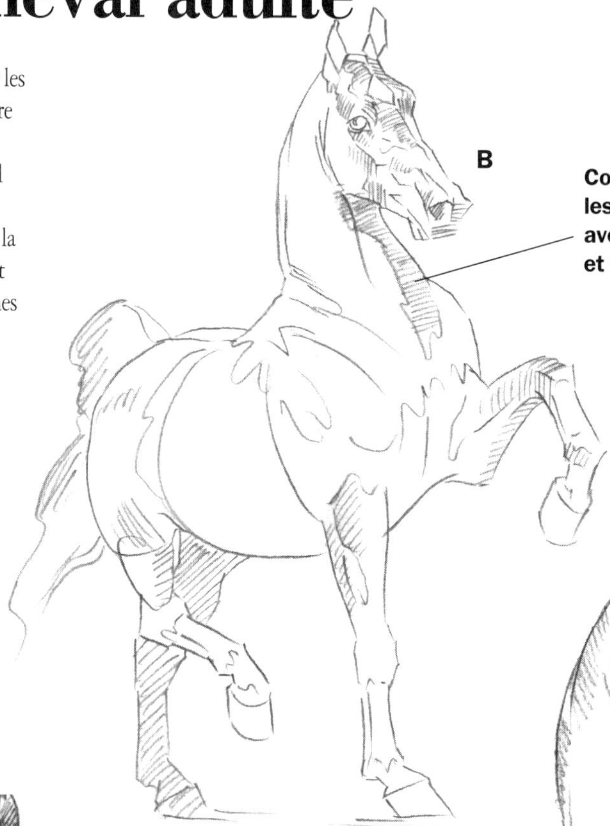

B

Commencez à indiquer les zones les plus foncées avec des hachures courtes et parallèles.

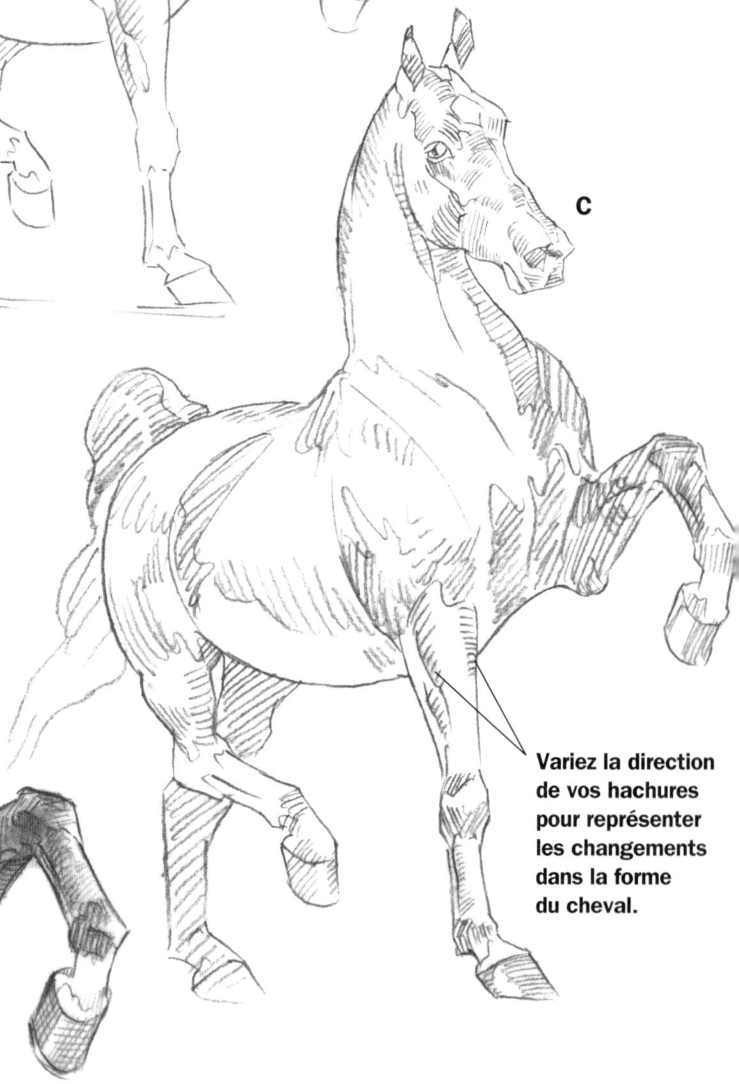

C

Variez la direction de vos hachures pour représenter les changements dans la forme du cheval.

Utilisez la mine par le côté ou une estompe, pour ombrer les zones les plus foncées.

Réservez des zones en blanc pour les rehauts et les contrastes.

Aux étapes B et C, ombrez les zones les plus foncées du cheval avec des hachures épaisses, en suivant la direction des différents plans et muscles de la face et du corps de l'animal, puis utilisez ensuite une estompe pour fondre certaines des valeurs médianes et foncées. Enfin, employez la pointe bien taillée d'un crayon 2B pour redéfinir le contour et certaines des hachures.

Il est important d'obtenir la pose correcte quand vous dessinerez un cheval dressé sur ses jambes postérieures. N'oubliez pas que le centre de gravité du cheval est sur ses épaules. Si vous dessinez un cheval trop penché en avant ou en arrière, on aura l'impression qu'il est chancelant.

Ne surchargez pas la crinière ni la queue. Les laisser claires et suggestives indique le mouvement.

A

Ce type de pose peut être difficile à faire, mais ne vous découragez pas ! continuez à vous entraîner jusqu'à ce que vous y arriviez !

B

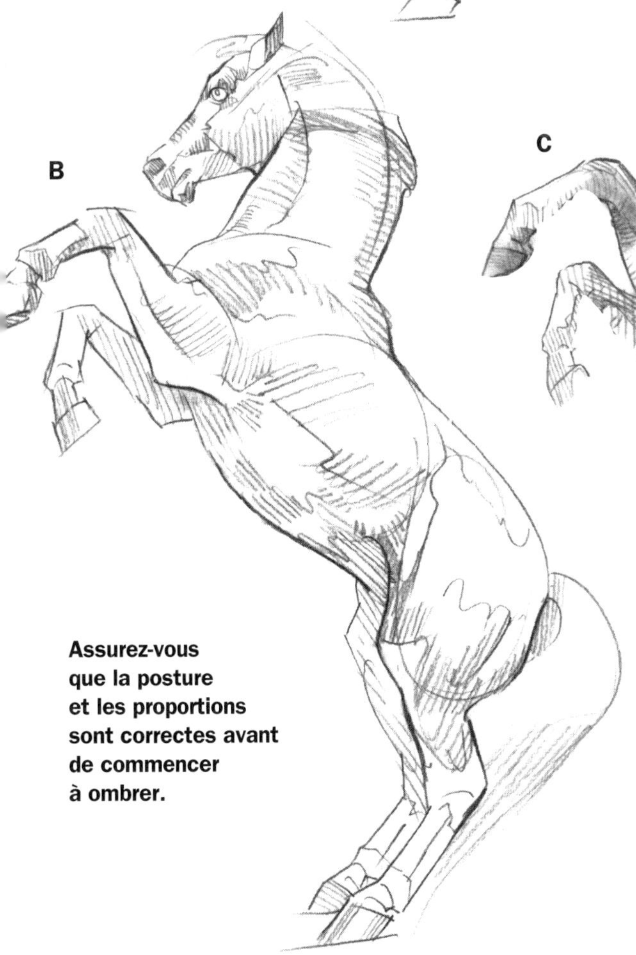

Assurez-vous que la posture et les proportions sont correctes avant de commencer à ombrer.

C

Comme pour tous les dessins de corps, commencez par faire un ovale pour le milieu du cheval, puis ajoutez-en d'autres pour l'arrière-train et les épaules. Ébauchez ensuite des traits pour les jambes, la queue, le cou et la tête comme indiqué à l'étape A. Vos hachures doivent être rapides et décontractées afin de donner naturel et spontanéité à la posture.

Suivez les étapes pour terminer le dessin. N'oubliez pas de prendre en compte la charpente squelettique et musculaire du cheval lorsque vous l'ombrez.

Le Quarter Horse

Le Quarter Horse est une race puissante et musculeuse, célèbre pour son agilité et ses capacités supérieures pour rassembler le bétail. Le mot Quarter Horse vient de la capacité de cette race à courir à grande vitesse sur des distances supérieures au quart d'un mile (environ 400 mètres). Mettez l'accent sur l'arrière-train puissant et le cou musclé lorsque vous dessinerez un cheval de cette race.

Cette pose représente un autre défi. Ici on voit le cheval de dos et de biais, ce qui implique qu'il va falloir utiliser la technique de la perspective pour votre dessin. En *Perspective* signifie qu'il faut réduire ou déformer certaines parties d'un dessin afin de transmettre une impression de profondeur comme elle est perçue par l'œil humain. Dans le cas présent, le flanc du cheval est raccourci pour montrer que sa partie antérieure est la plus éloignée de l'observateur. En conséquence, la croupe et l'arrière-train semblent plus grands par rapport à la partie antérieure de l'animal, du fait que cette zone est plus proche de l'observateur.

A

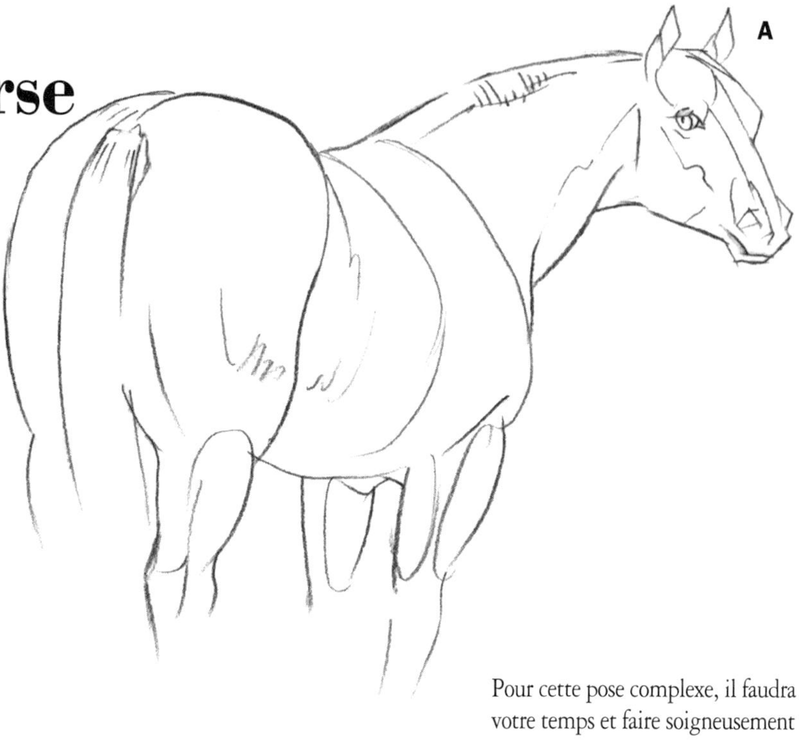

Pour cette pose complexe, il faudra prendre votre temps et faire soigneusement votre croquis d'ébauche. Observez attentivement les distances entre les parties du cheval et leur taille les unes par rapport aux autres. Faites également attention à la forme des jambes ; ceci est un nouveau point de vue qui vous permet de définir le dos des paturons, des genoux et des sabots. Vérifiez minutieusement vos proportions, puis commencez à représenter les ombres et les zones de muscles à l'étape B.

B

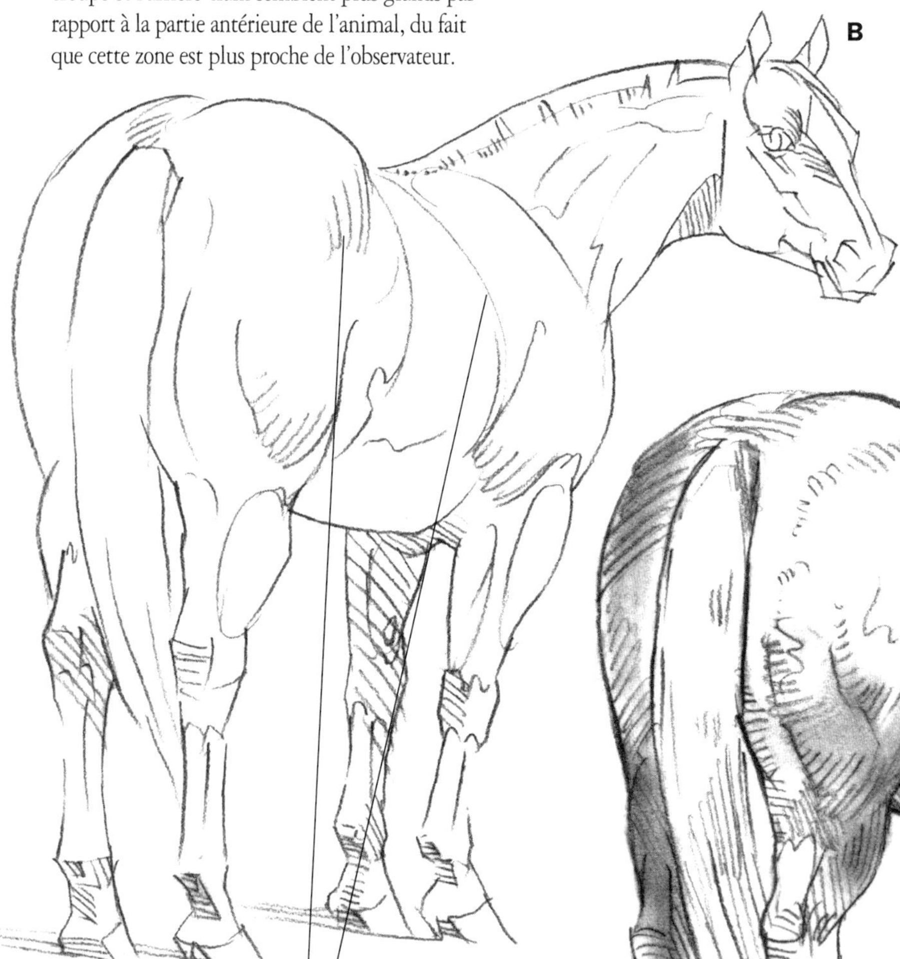

Cette zone a été raccourcie afin de donner l'illusion que l'arrière-train est le plus proche de l'observateur.

C

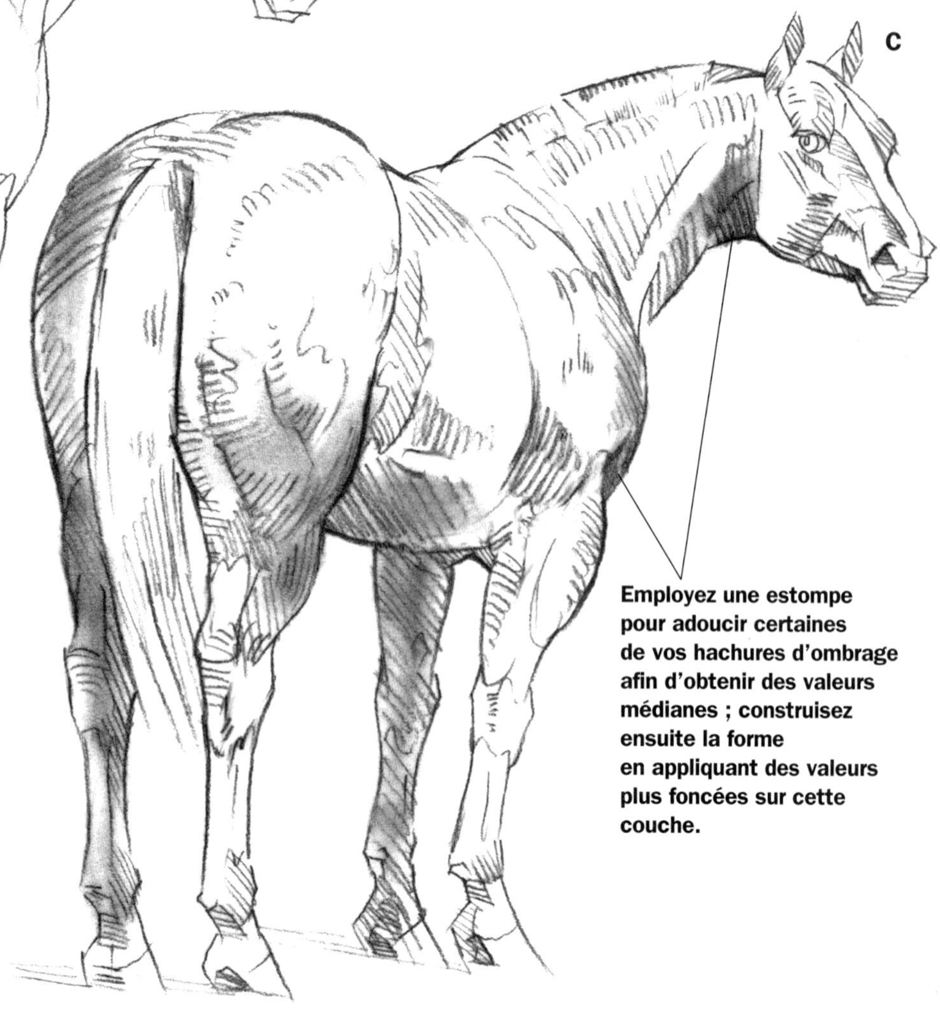

Employez une estompe pour adoucir certaines de vos hachures d'ombrage afin d'obtenir des valeurs médianes ; construisez ensuite la forme en appliquant des valeurs plus foncées sur cette couche.

Lorsque vous poserez les valeurs foncées et moyennes à l'étape C, variez l'angle de vos hachures afin de suivre les plans des muscles, de la face, et des articulations des jambes. Pour votre ombrage final, utilisez un crayon 2B à mine tendre ainsi qu'une estompe afin d'adoucir vos traits, en réservant des rehauts importants qui rendront le brillant de la robe du cheval. Faites bien attention à ne pas surcharger les jambes lors de votre ombrage final ; les zones claires indiquent les « guêtres blanches » du cheval.

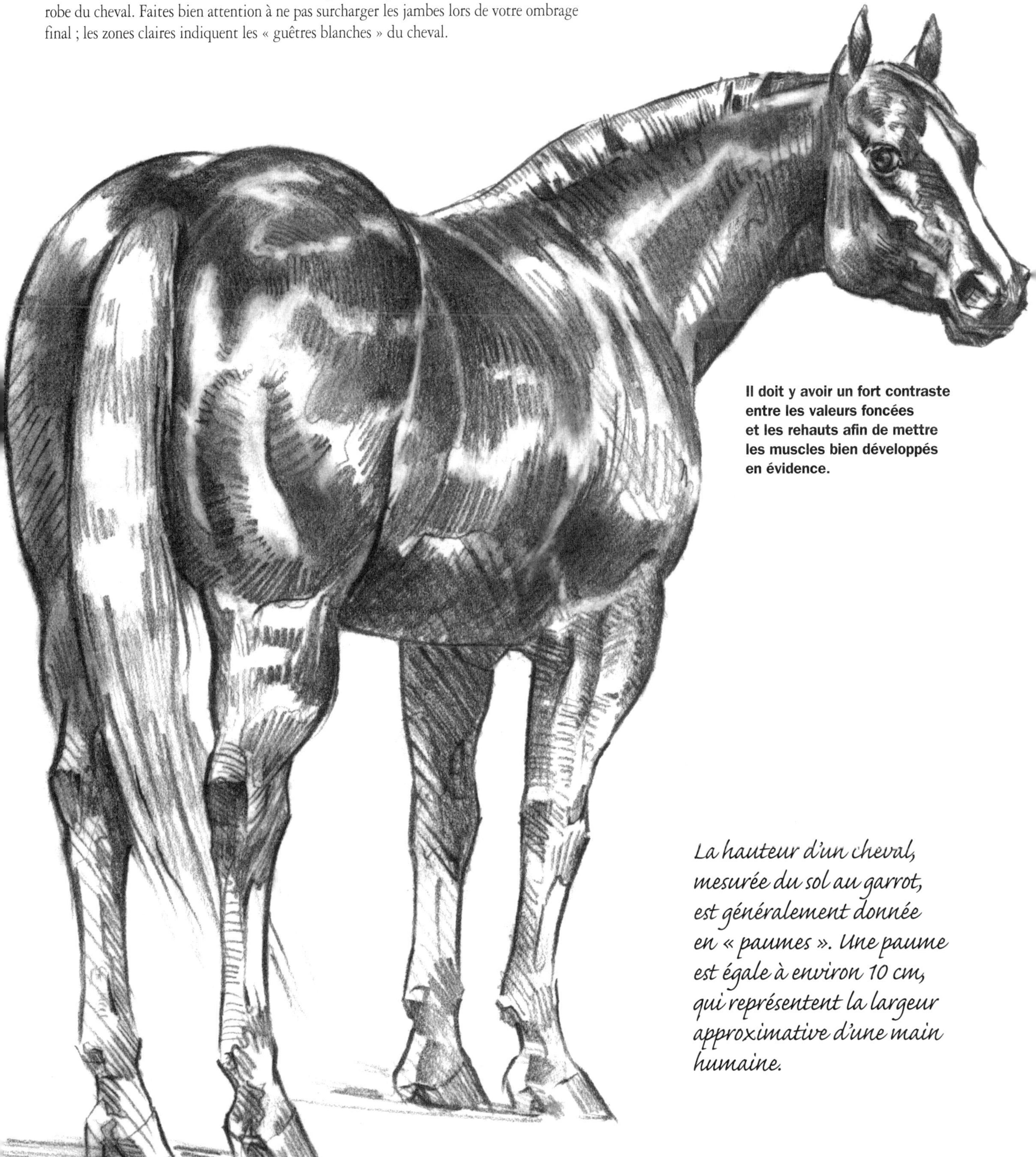

Il doit y avoir un fort contraste entre les valeurs foncées et les rehauts afin de mettre les muscles bien développés en évidence.

La hauteur d'un cheval, mesurée du sol au garrot, est généralement donnée en « paumes ». Une paume est égale à environ 10 cm, qui représentent la largeur approximative d'une main humaine.

Le Clydesdale

Les Clydesdales sont de grands chevaux de trait, élevés jadis pour les gros travaux de ferme. De nos jours ce sont des animaux de parade populaires, facilement reconnaissables à leurs fanons, grands crins autour de la partie inférieure de leurs jambes. La pose montrée ici est semblable à celle du Quarter Horse ; ce cheval de trait est également une race musculeuse. Pour qu'on distingue bien les deux dans vos dessins, remarquez que le Clydesdale est plus grand, que sa croupe est plus arrondie, que ses jambes sont plus lourdes et que son cou est plus épais et plus arqué, et qu'il a le nez romain (arqué).

A

B

Esquissez ce cheval avec soin, comme vous l'avez fait pour le Quarter Horse des pages 16 et 17, en gardant à l'esprit le principe de la perspective. Utilisez un crayon à mine tendre, comme un 2B, afin d'établir les zones de lumière et d'ombre à l'étape C ; puis pour le contraste, faites des hachures lourdes et droites pour la crinière et la queue.

Faites bien attention à mettre l'accent sur les proportions massives de ce cheval quand vous l'ébaucherez.

Il est inutile de dessiner chaque mèche de crins sur les fanons de ce cheval.

C

Étudiez votre sujet avec soin, afin de pouvoir rendre ses caractéristiques uniques, comme la crinière et la queue décorées de ce cheval de parade.

Le cheval de cirque

Les chevaux employés dans les cirques sont des animaux à grande ossature, comme les races européennes à sang chaud. Ces races ont le dos large et une forte constitution, combinée à un port élégant et gracieux. Ce Pinto étonnant vous fournit un bon exercice pour vos techniques d'ombrage parce que sa robe comporte à la fois des zones claires et foncées.

B

A

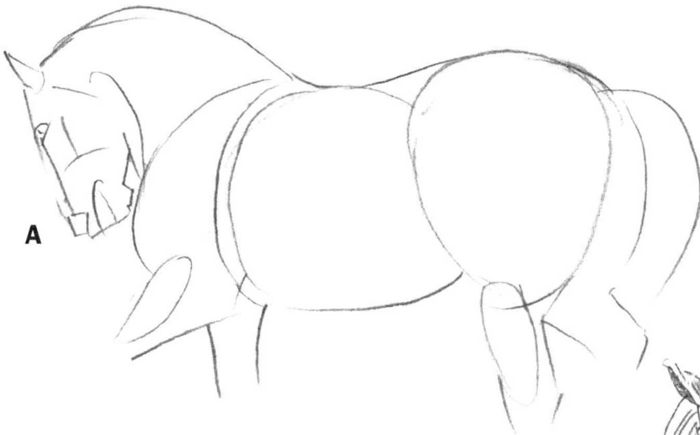

Faites de grands ovales et cercles lorsque vous ébaucherez ce cheval afin d'établir sa taille et sa force. Les rênes sont attachées au surfaix autour de son corps, ce qui signifie que sa tête doit être fortement inclinée vers son poitrail, et que son cou est très arqué. Dans votre dessin final, ombrez très légèrement les zones blanches, puis utilisez une gomme pour ouvrir des rehauts dans les taches foncées et dans la queue.

C

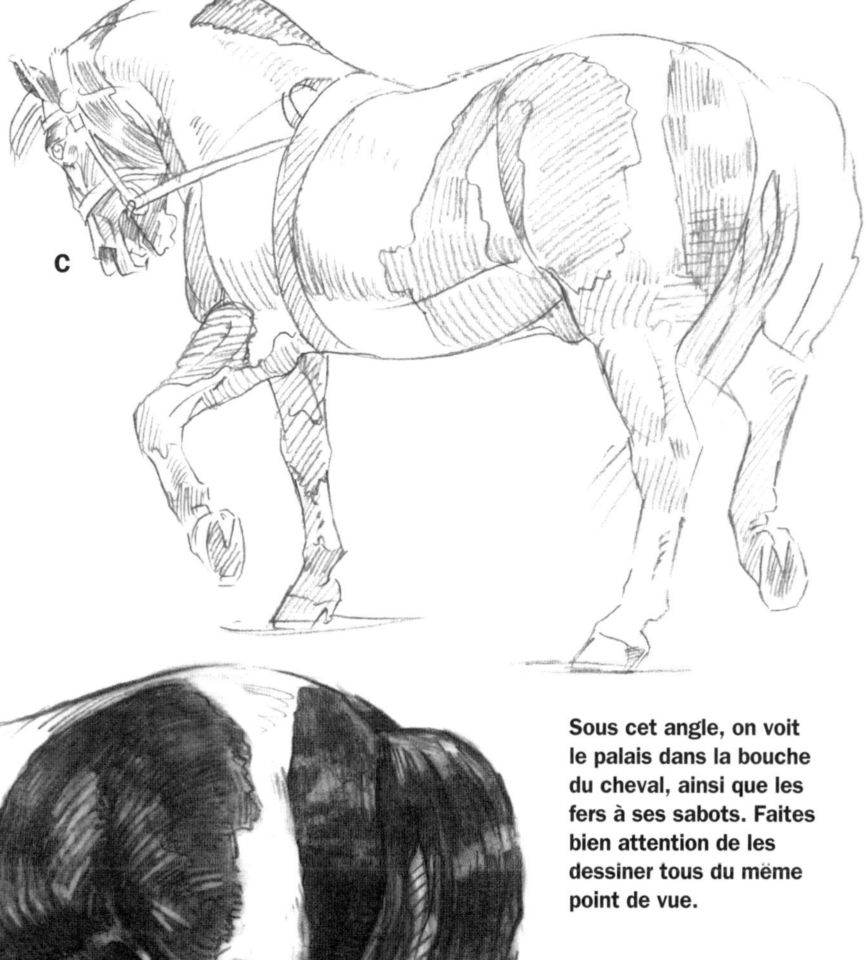

Sous cet angle, on voit le palais dans la bouche du cheval, ainsi que les fers à ses sabots. Faites bien attention de les dessiner tous du même point de vue.

Voir page 7 pour des conseils sur le dessin des sabots.

L'Arabe

L'Arabe est un cheval fougueux au port de queue flamboyant et au profil concave particulier. Bien que de stature plutôt petite, cette race est célèbre pour son endurance, son corps gracieux, son intelligence et son énergie. Essayez de saisir son physique élancé et sa fougue dans vos dessins.

Ébauchez le corps au crayon HB, en plaçant l'ovale pour le corps légèrement de biais afin d'indiquer qu'il sera en perspective. Faites bien attention lorsque vous esquisserez la tête, à mettre l'accent sur le nez concave, les grands naseaux et le museau petit. Lorsque vous commencerez à ombrer aux étapes B et C, tracez des traits lâches et spontanés pour la crinière et la queue, et accentuez la courbure gracieuse du cou.

A

B

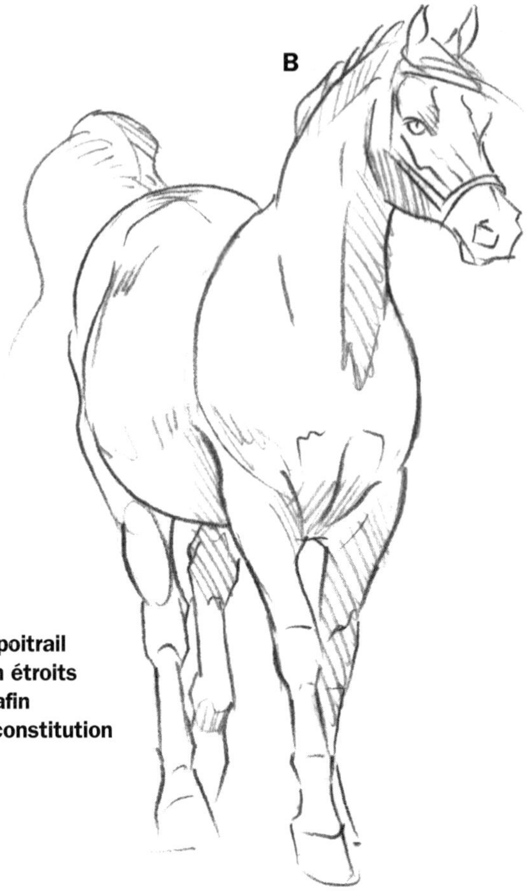

Accentuez le poitrail et le chanfrein étroits de ce cheval afin de rendre sa constitution plus délicate.

Sous cet angle, la colonne vertébrale est visible. Ajoutez un ombrage subtil à cet endroit et le long du garrot afin de donner du volume à votre dessin.

Affinez votre ombrage avec un crayon à mine tendre et une estompe, en réservant de grandes zones en blanc pour les rehauts. Ces rehauts montrent que la robe du cheval est brillante et ils indiquent la direction de la source lumineuse.

C

Les Arabes étaient très prisés pour leur endurance et leur rapidité par les Bédouins du désert.

Le poney Shetland

On appelle poney toute race chevaline qui fait moins de 15 paumes, c'est-à-dire 1,50 m au garrot. Le petit Shetland fait environ 1,06 m au garrot.

L'une des plus petites races de poneys est le Shetland, qui est un animal hardi, originaire des îles Shetland au large de l'Angleterre septentrionale. Ce spécimen a la tête petite, le cou épais, et la constitution trapue caractéristiques de sa race.

A

Lorsque vous ébaucherez le corps du poney, observez attentivement ses proportions ; son corps fait environ deux fois et demie la longueur de sa tête. À l'étape A, commencez par faire de grands cercles et ovales pour saisir la constitution compacte du poney. Faites des hachures pour commencer à indiquer les valeurs médianes comme indiqué à l'étape B, en utilisant une estompe pour les zones les plus foncées à l'étape C.

Remarquez que le cou du poney est relativement court et épais.

B

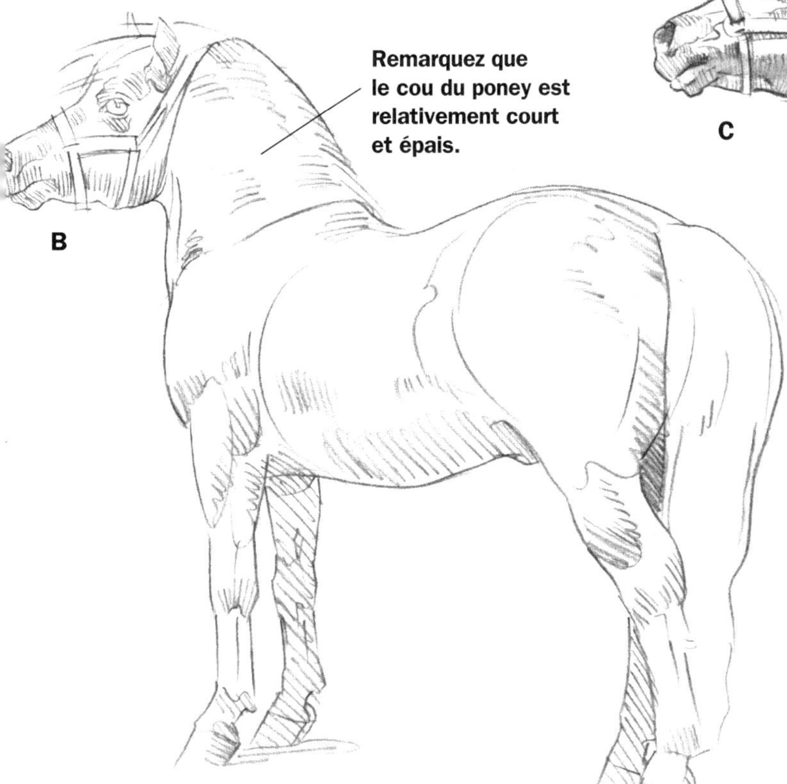

Utilisez la mine de votre crayon par le côté et une estompe pour obtenir des hachures légères et éparses afin de mettre la dernière touche à ce poney de couleur claire.

C

Cheval et cavalier en mouvement

Lorsque vous représenterez un cheval avec son cavalier, il faut que les deux soient dessinés comme s'il s'agissait d'une entité : il faut les développer ensemble. Le corps du cavalier, sa jambe et la position de sa main sont des éléments importants qui, s'ils sont dessinés correctement, rendront votre dessin réaliste.

B

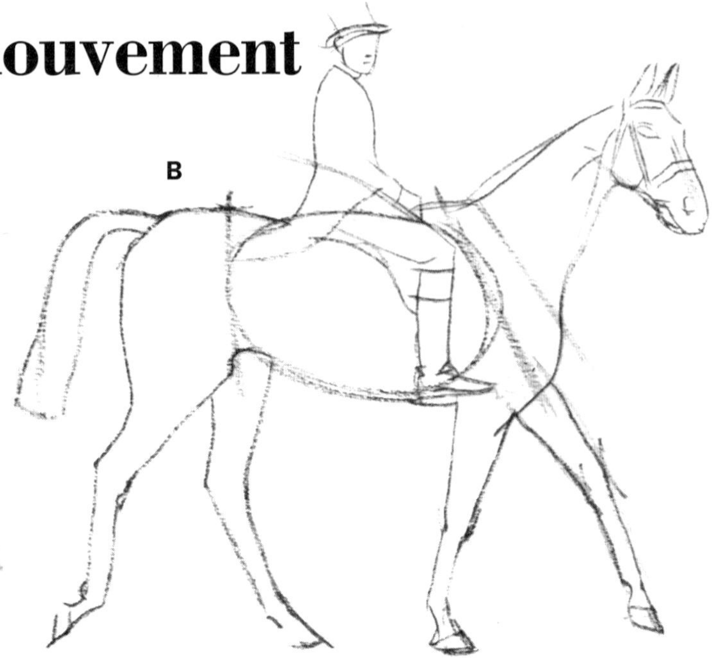

A

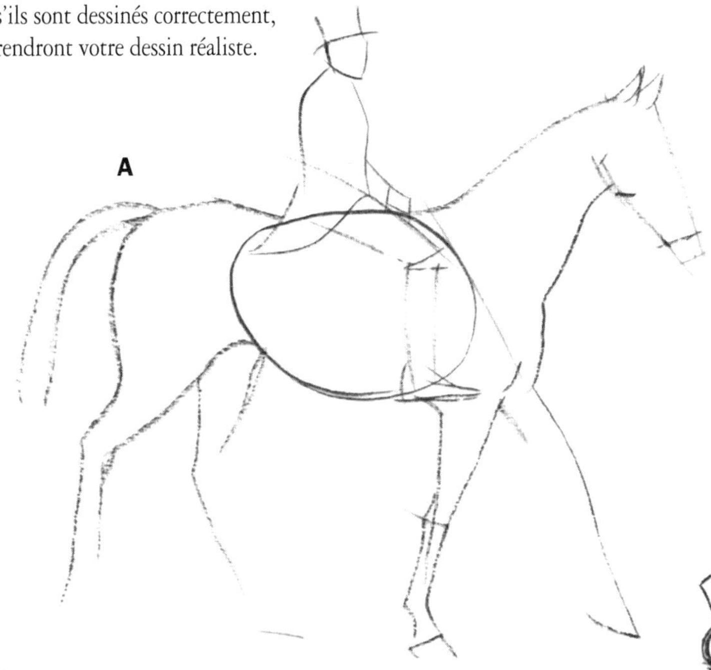

Exercez-vous à dessiner les différentes allures du cheval, comme dans cette série de croquis. Notez la position du cavalier. Quand le cheval est au pas, sa tête est dressée et le corps du cavalier est perpendiculaire à celui de sa monture.

À l'étape A, commencez par tracer une forme ovale horizontale pour le corps du cheval, puis esquissez le cavalier et enfin la tête, le cou et les jambes du cheval. Repérez l'angle de la ligne des épaules du cheval pour vous aider à établir l'angle correct de la jambe antérieure droite. Remarquez comme le pied postérieur du cheval est tourné vers l'arrière quand il se soulève du sol.

Gardez à l'esprit que la taille du cavalier et celle du cheval doivent être dans les bonnes proportions l'une par rapport à l'autre.

L'allure lente, à grandes foulées s'appelle le canter. À ce pas modéré, le centre de gravité du cheval glisse légèrement vers l'avant, ce qui est évident dans la poussée en avant de la tête et du corps. Remarquez que le cavalier est penché en avant, vers la tête de son cheval, car il suit le mouvement de celui-ci avec son propre corps. Continuez à faire des traits harmonieux et lâches pour transmettre le sens du mouvement.

N'oubliez pas que le plus important lorsqu'on dessine c'est qu'il faut y prendre plaisir.

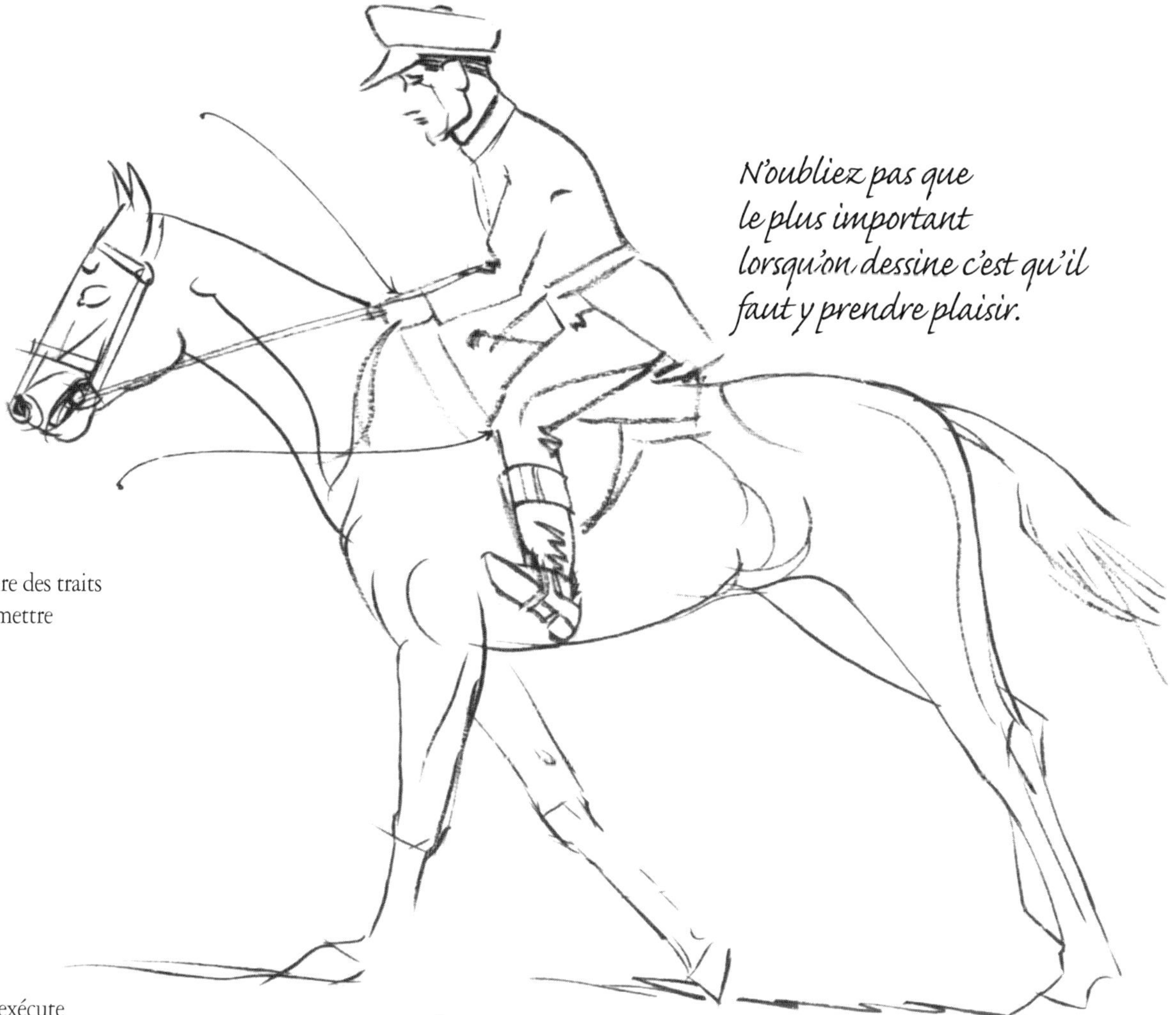

Le cheval du croquis ci-dessous exécute le mouvement contrôlé qui lui est demandé lors du dressage.

Notez la posture plus droite et l'angle plus fermé du bras du cavalier ci-dessous. Les rênes tendues servent d'aide pour que le cheval conserve des mouvements précis et calmes, ce qu'il faut montrer dans votre dessin en accentuant les lignes verticales et horizontales de ce mouvement de caracole.

Dans cet exemple, la jambe antérieure est parallèle au sol. Une ligne de guidage horizontale vous aidera à vous assurer que la pose est correcte.

Le galop

Le galop est l'allure la plus rapide du cheval, certains pouvant atteindre la vitesse de 56 kilomètres à l'heure en pleine vitesse. À un certain moment de cette allure à trois temps, les quatre jambes quittent le sol en même temps, et à un autre, le poids total de l'animal est supporté par une seule jambe, comme montré ici.

B

A

Du fait que ce cheval est vu de biais, l'ovale pour son corps devra être oblique. Ébauchez le poitrail et l'arrière-train avec des cercles et faites des traits anguleux pour les genoux et le chanfrein, comme indiqué à l'étape A. Pour la queue, tracez des traits qui coulent librement.

Ne surchargez pas votre ombrage final ; faites-en juste assez pour suggérer la forme. La grande zone de blanc indique la présence d'une forte source lumineuse, mais elle donne aussi à ce cheval l'air de flotter pendant sa course légère.

A

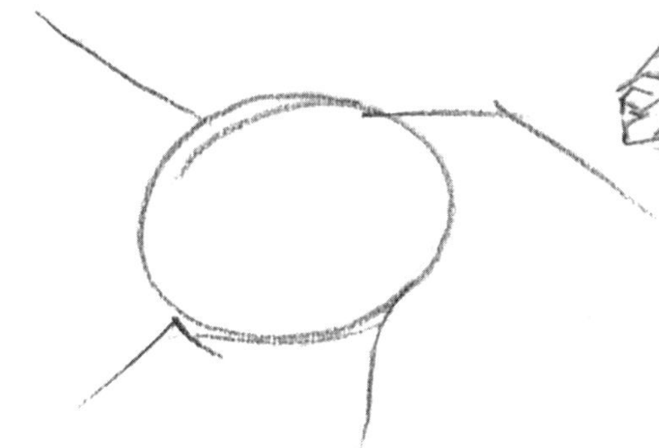

B

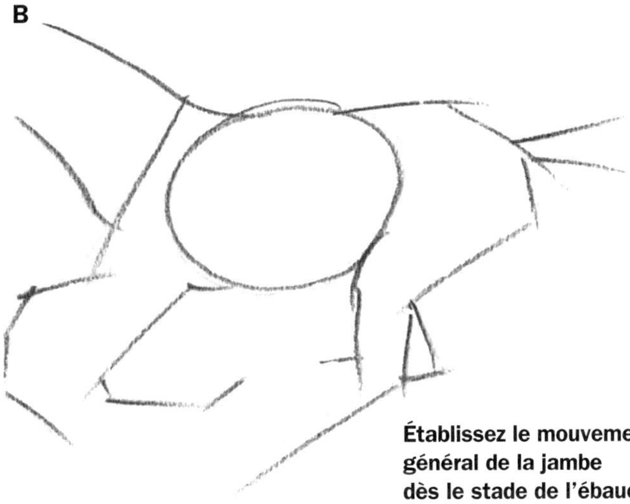

Établissez le mouvement général de la jambe dès le stade de l'ébauche.

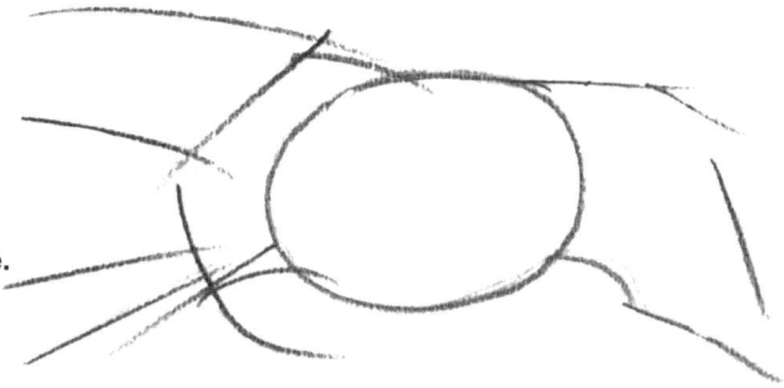

A

Il est facile de saisir un cheval galopant à pleine vitesse si vous suivez les étapes de base du croquis. Suivez le même processus pour les deux croquis de cette page. Après avoir dessiné l'ovale de base à l'étape A, ébauchez la ligne supérieure du corps du cheval et les jambes opposées en diagonale. Ajoutez ensuite la ligne de la partie inférieure du cou et établissez les angles des jambes de l'animal. Une fois que vous aurez esquissé correctement le cheval, il vous sera facile de passer au croquis de la pose entière du cheval avec son cavalier.

Il va vous falloir allonger l'ovale esquissé ici pour montrer que le corps du cheval est tendu.

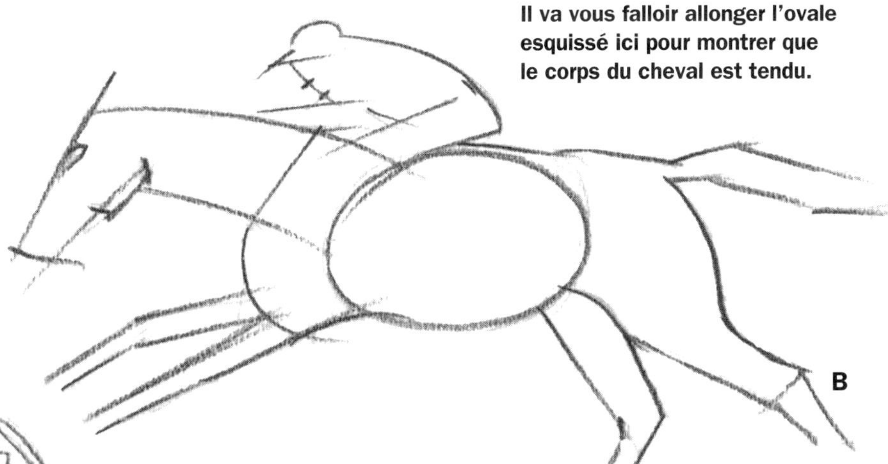

B

Saviez-vous qu'en France, les courses se déroulent toujours dans le sens des aiguilles d'une montre, tandis qu'aux États-Unis, elles ont invariablement lieu dans le sens inverse ?

Le saut

Le saut est un sport équestre passionnant, qu'il s'agisse de concours hippiques, de cross-country ou de steeple-chase. Remarquez la façon spectaculaire qu'a le cavalier de changer la position de son corps afin de suivre le mouvement de sa monture. Il doit en effet toujours rester sur le centre de gravité de son cheval afin de l'aider à garder son équilibre, et de ne pas le gêner dans son effort. Être conscient de ces détails vous aidera à obtenir des dessins fidèles.

A

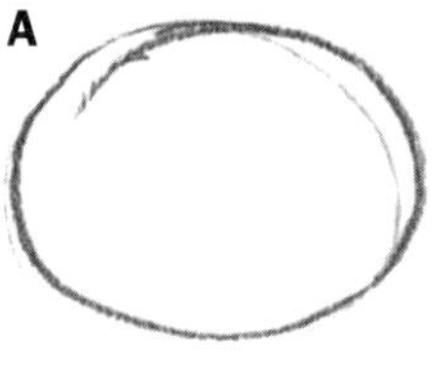

B

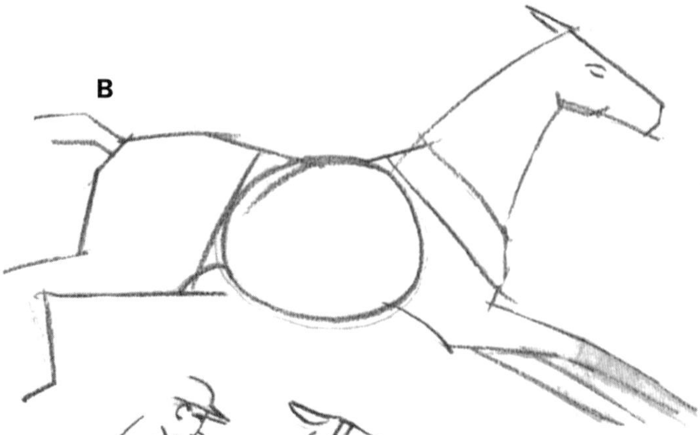

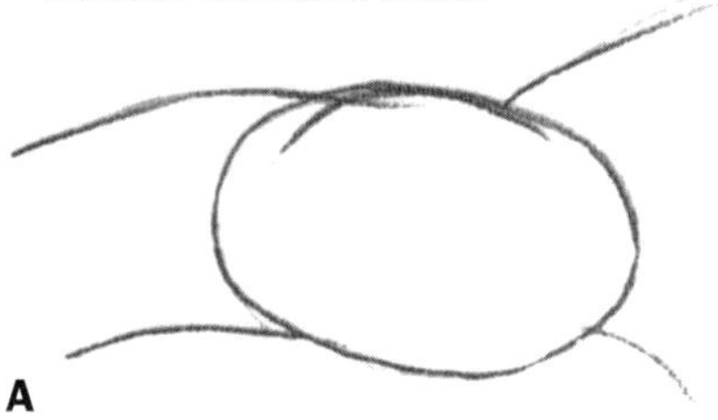

A

Employez un crayon HB ou 2B pour ces croquis.

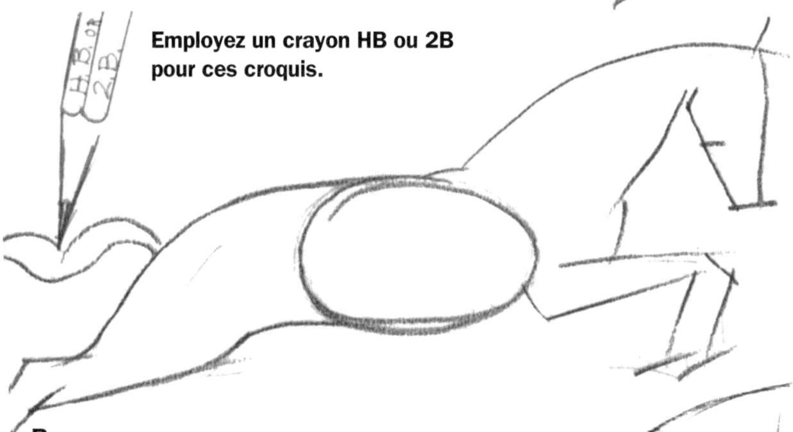

B

Lorsque vous dessinerez un cheval en mouvement, faites des traits simples et nets. Des traits nets, traînants aident en effet à transmettre le sens du mouvement impliqué. Faites beaucoup de croquis grossiers comme ceux-ci pour vous exercer à saisir l'impression de mouvement dans vos dessins.

N'oubliez pas de travailler d'après des photographies de chevaux dans des activités diverses. Cela vous aidera à vérifier la précision du mouvement des jambes du cheval et la position de son cavalier.

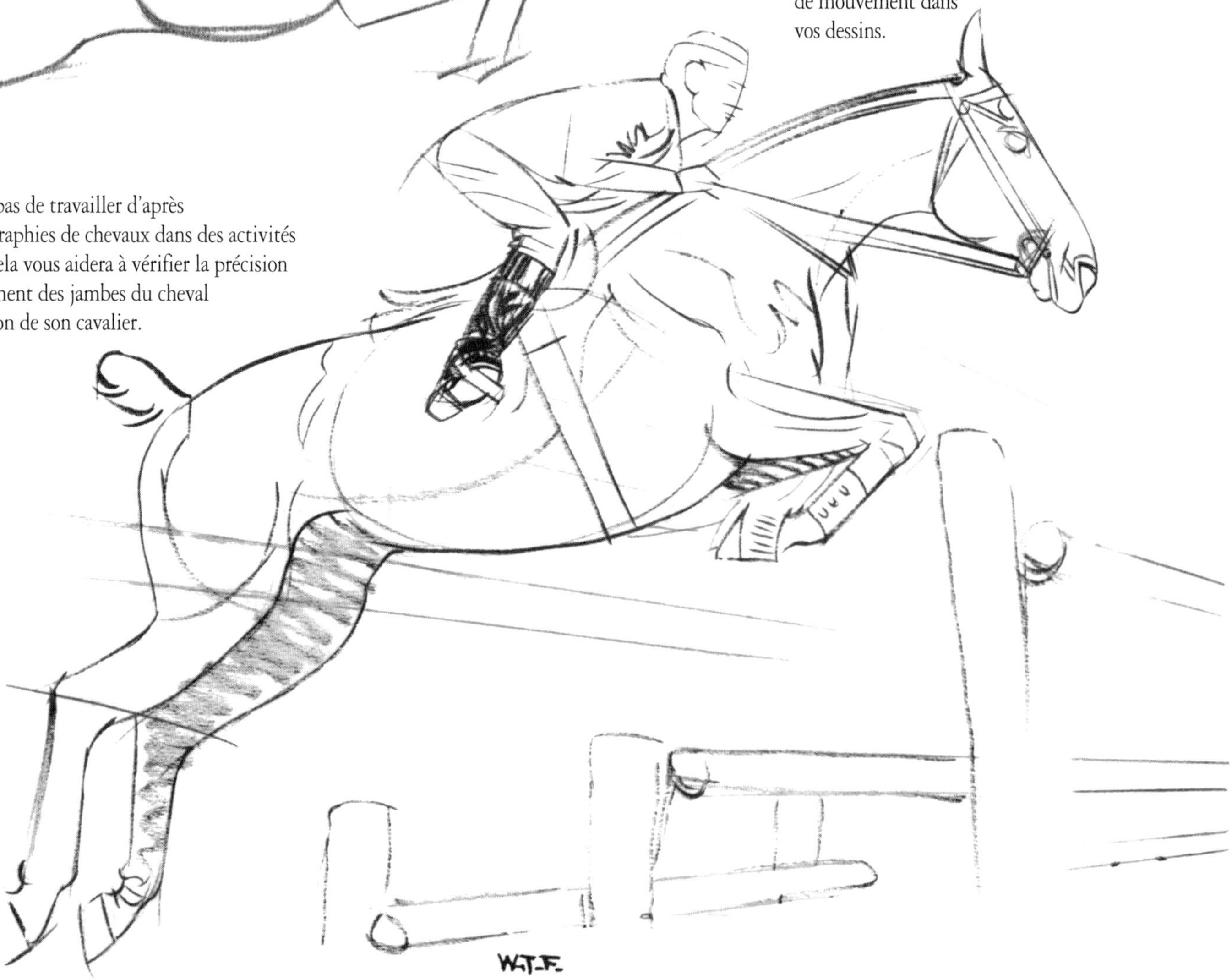

Les poneys et les joueurs de polo

Le polo est un sport au pas rapide qui demande vitesse et agilité à la fois au cheval et au cavalier. Les naseaux gonflés du cheval montrent l'énergie que celui-ci dépense et les angles spectaculaires du corps du cavalier illustrent l'éventail de mouvements de ce dernier. Il est important d'avoir saisi le mouvement du cheval et de son cavalier avant de continuer à ombrer votre dessin.

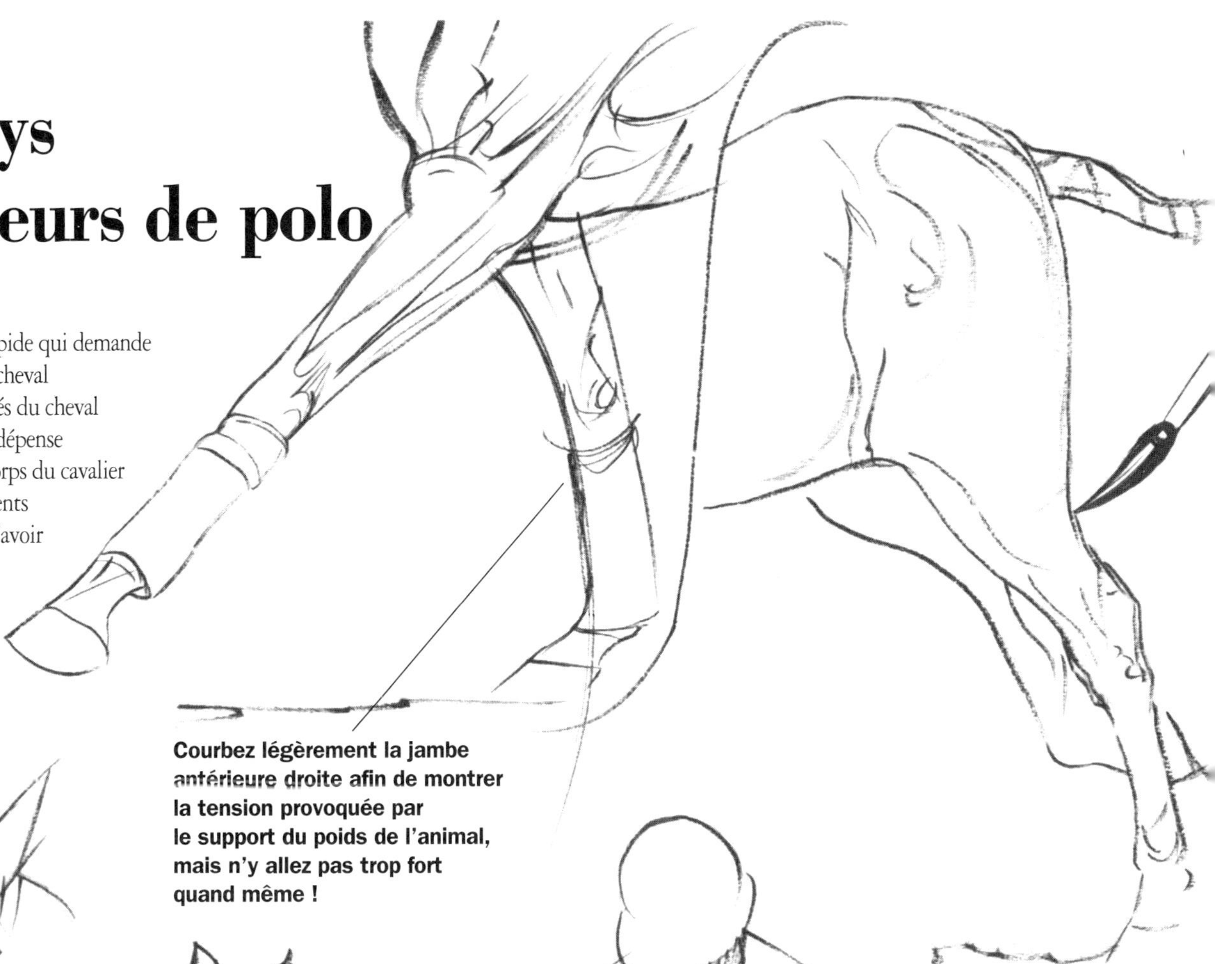

Courbez légèrement la jambe antérieure droite afin de montrer la tension provoquée par le support du poids de l'animal, mais n'y allez pas trop fort quand même !

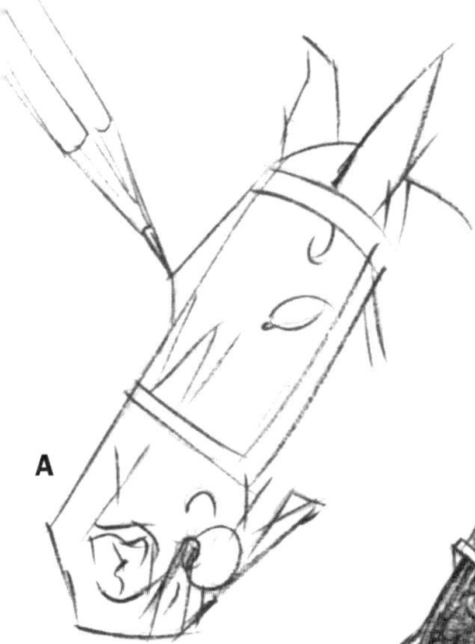

A

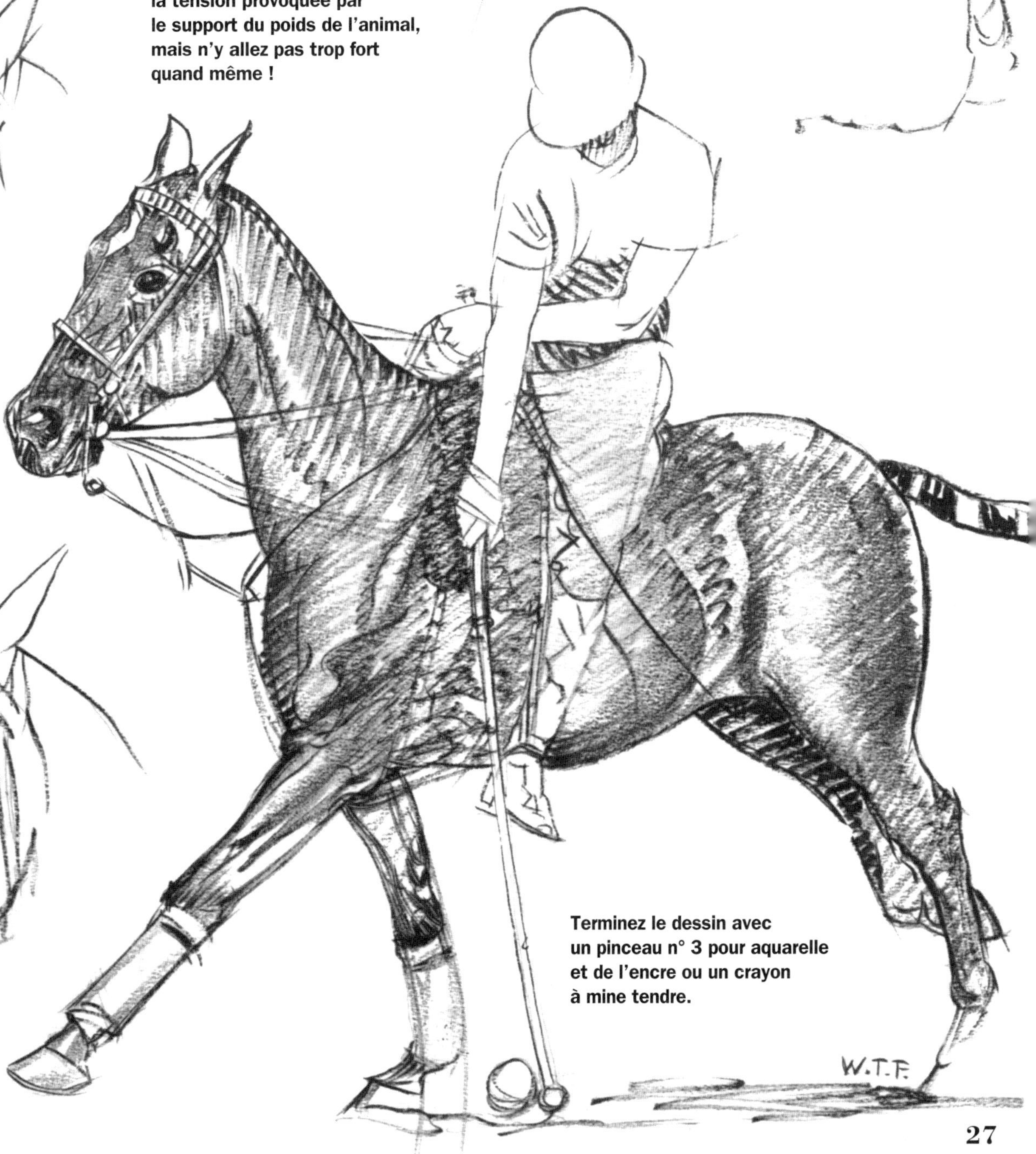

B

Terminez le dessin avec un pinceau n° 3 pour aquarelle et de l'encre ou un crayon à mine tendre.

Les chevaux de course et leurs jockeys

Ce gros plan d'un cheval et de son jockey a été terminé au pinceau et à l'encre. Ébauchez la tête du cheval au crayon HB, puis développez la pose de son jockey. Établissez correctement le mouvement et le rythme de la monture et de son cavalier et l'expression du cheval, avant d'appliquer l'encre.

A

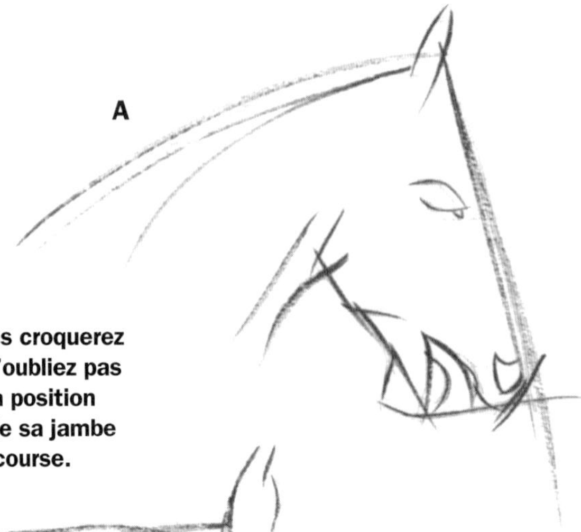

Lorsque vous croquerez le jockey, n'oubliez pas d'indiquer la position excessive de sa jambe pendant la course.

B

Il n'est pas nécessaire de peaufiner chaque dessin. Ce dessin au pinceau a été fait de manière délibérément relâchée pour coller au mouvement impliqué. Des croquis rapides à l'encre comme celui-ci constituent d'excellents exercices d'entraînement.

A

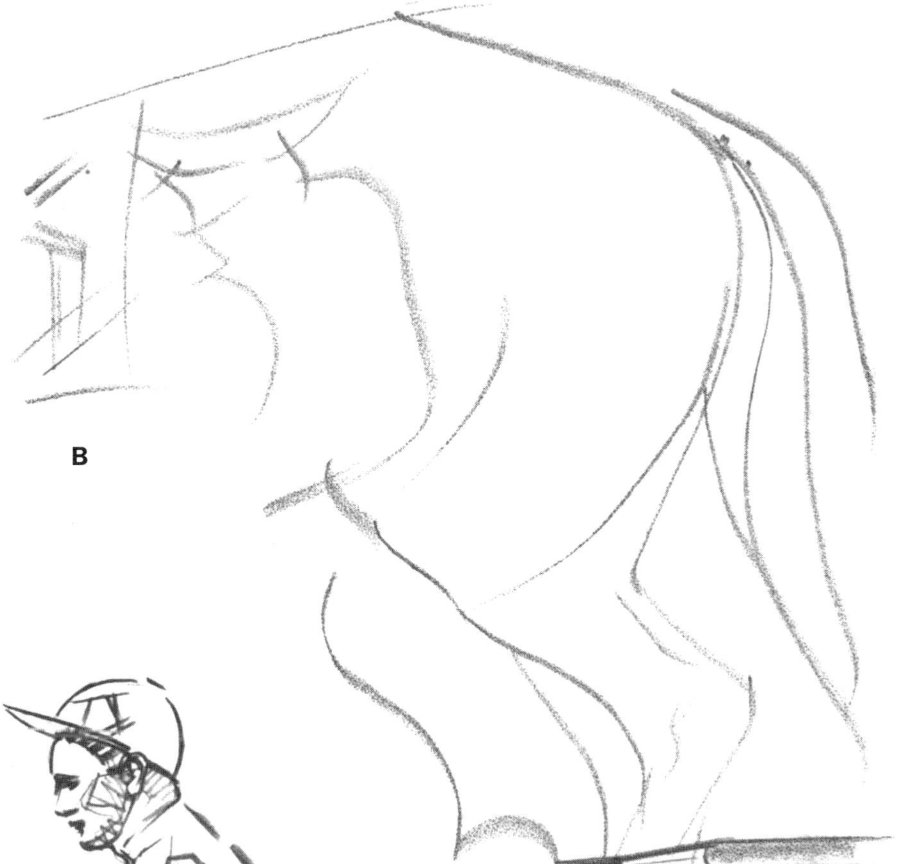

B

Ce cheval de course montre le caractère nerveux typique des jeunes purs sangs. Concentrez-vous sur les pieds qui caracolent et sur la bouche tirée pour illustrer l'impatience de ce cheval : il est littéralement en train de mâchonner son mors !

Essayez de dessiner ce couple sur une grande feuille de papier. Cassez un crayon Conté, ou utilisez la mine de votre crayon par le côté pour développer la forme avec de grands coups de crayon qui suivent la forme du cheval. Essayez avec une pointe en biseau, et variez l'angle de vos traits. Faites différentes textures pour que votre dessin ait l'air détendu et spontané.

CRAYON À MINE TAILLÉE EN BISEAU

CRAYON CONTÉ

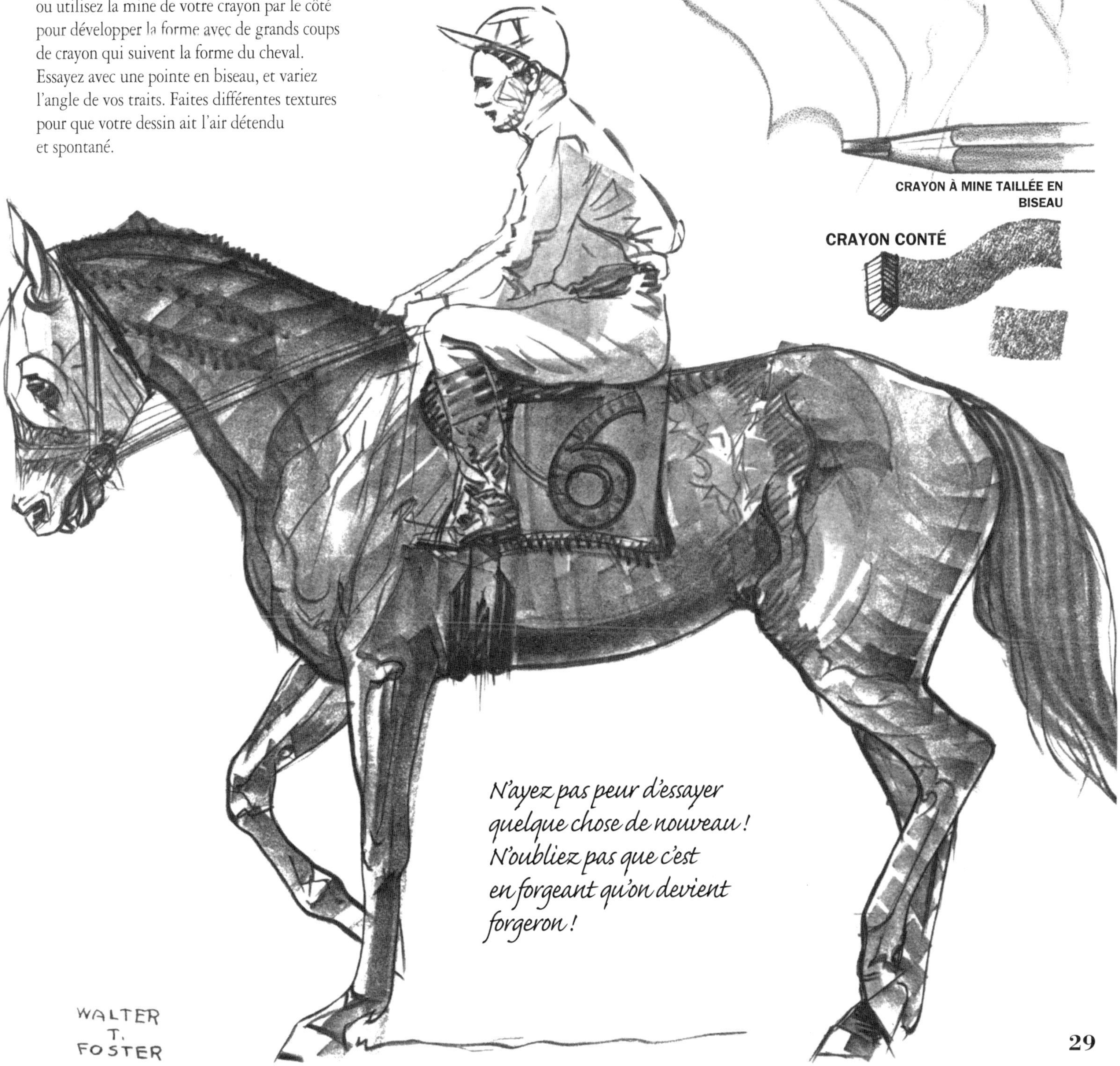

N'ayez pas peur d'essayer quelque chose de nouveau ! N'oubliez pas que c'est en forgeant qu'on devient forgeron !

Équitation Western, le cheval et son cavalier

La tenue du cavalier et la sellerie du cheval d'équitation Western reflètent l'héritage des cow-boys. La selle Western est plus large et plus profonde que les selles traditionnelles. Les vachers ont besoin d'être confortablement calés pour exécuter les manœuvres rapides demandées pour rassembler le bétail. Les étriers Western étant plus longs ; les jambes du cavalier sont alors plus droites que celles d'un cavalier ordinaire.

A

Faites attention lorsque vous ébaucherez la jambe postérieure droite du cheval, et étudiez la forme de ses muscles et de ses articulations ; cet angle est un peu délicat.

B

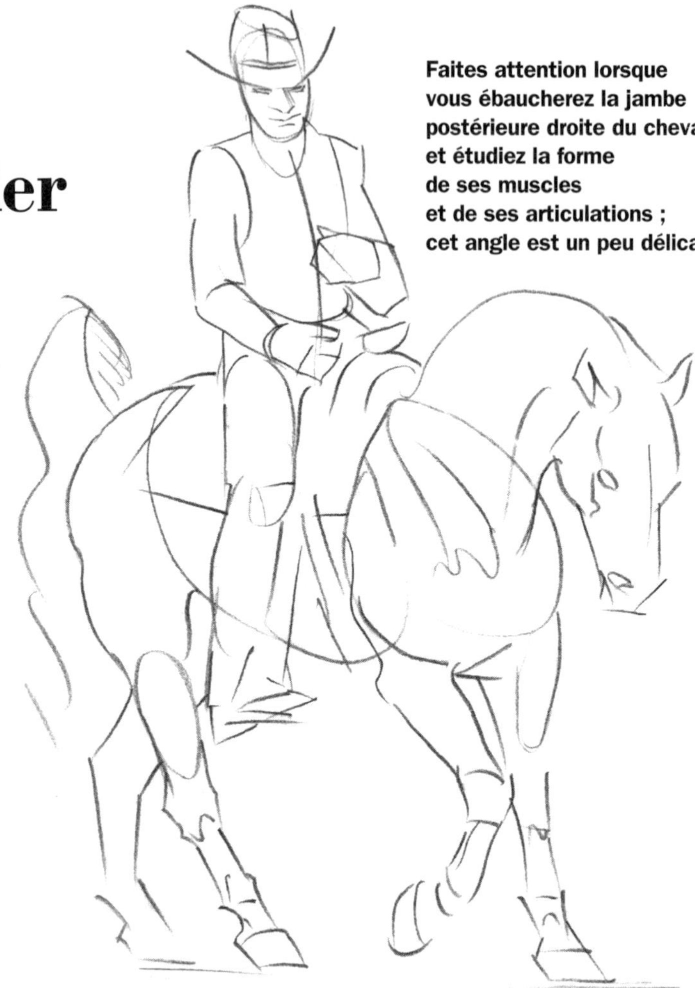

Ce couple est très détaillé, alors faites bien attention lorsque vous ferez vos ébauches. Déformez l'ovale pour le corps du cheval, afin de montrer l'angle de vue, et placez des cercles pour les épaules et l'arrière-train de l'animal à l'étape A. N'oubliez pas d'esquisser également le pommeau de la selle. Lorsque vous ébaucherez le cavalier, faites bien attention à ses bras en perspective et à l'angle de sa botte.

C

Vérifiez soigneusement vos proportions lorsque vous commencerez à développer votre dessin à l'étape B, et notez la position des mains du cavalier. Les cavaliers Western tiennent les deux rênes d'une seule main, afin que l'autre soit libre pour une autre tâche. Faites au cheval le cou arqué et détendu, et étudiez l'emplacement de ses jambes. Commencez ensuite à mettre les ombres à l'étape C.

Remarquez que le chapeau du cavalier lui fait de l'ombre sur le visage et sur la poitrine.

Dans votre dessin final, appliquez les techniques d'ombrage que vous venez d'apprendre pour rendre votre dessin tridimensionnel. Il est temps maintenant d'ajouter les détails à la selle et à la tenue du cavalier. La boucle de sa ceinture, les ciselures de sa selle et les dessins compliqués de la bride du cheval sont des composantes importantes qui rendent ce couple unique. Maintenant, tous vos exercices d'entraînement et d'observation vont enfin être récompensés !

La prochaine fois que vous étudierez un cheval, pensez à ce qui le rend unique, et essayez de saisir cette caractéristique dans vos dessins. Amusez-vous bien !

Dans la collection « Dessin mode d'emploi »

Les Chevaux
W. Foster

Les Chiens
W. Foster

Les Chats
W. Foster

La Technique 1
W. Foster

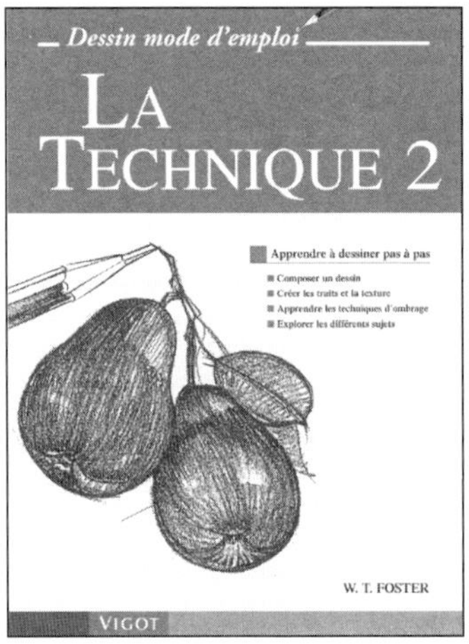

La Technique 2
W. Foster

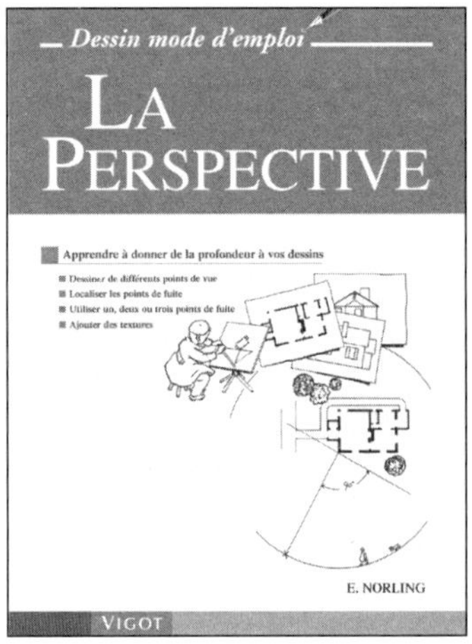

La Perspective
E. Norling

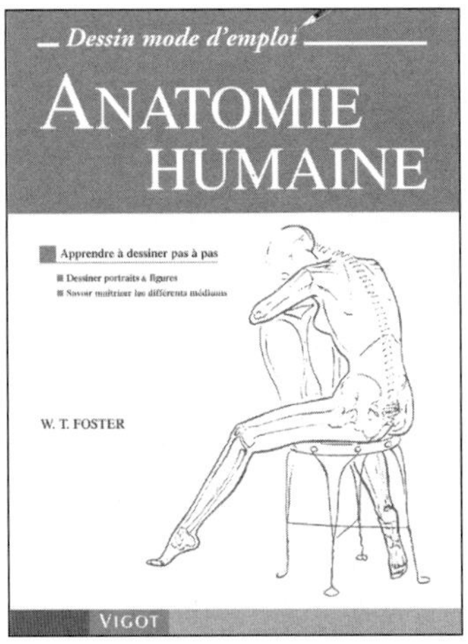

Anatomie humaine
W. Foster

Les Animaux
W. Foster

La Figure humaine
W. F. Powell